普通高等教育“十二五”应用型本科规划教材

特殊儿童韵律体操

主编　杜熙茹

中国人民大学出版社
·北京·

编写人员　（按编写章序先后排名）
侯晓辉　穆雯雯　赵晓道　杜熙茹　王　涛
冷　静　吴国仁　杨　柳　刘　容　刘满洁
王海燕　张　欣　徐　艳　郝新爱

摄　　像　廖智辉　林如海　朱　瑾　郑蔡姮

动作演示　林晶晶　梁婉静　徐　华　张琪妍　王　晓
何　雪　郑欣雨　李新月　那玉晓

序

韵律体操是在音乐伴奏下，以自然性的动作为基础的节奏运动，是将体操、舞蹈、音乐、美术融于一体的一项体育活动。韵律体操可以发展协调、柔韧、力量、耐力等身体素质，强调紧张与放松相交替，对运动者自身要求不高，没有危险性，又具有特有的韵律性和艺术性，不受场地器材限制的优点。不少国家已把韵律体操定为学校体育美育的必修课。

韵律体操在特殊教育学校通常以律动课的形式开展，因学生存在不同程度上的功能障碍，所以选择动作较为简单，通常是在音乐的伴奏下，以有节奏的跳动、有规律的运动为主，更强调音乐、舞蹈基本动作与游戏的结合。律动以对特殊儿童缺陷的最大程度补偿为目的，有利于他们潜力的发挥，按照全面协调发展特殊儿童身心的要求，达到康复矫正及增进健康的目的，最终使他们增长知识、获得技能、完善人格，增强社会适应能力。韵律体操在特殊教育学校实施全面发展的教育过程中具有举足轻重的地位。

如何借鉴韵律体操的教学原则与方法，根据特殊教育学校学生的心理特征和个体功能差异，丰富律动课的教学思路、教学方法与手段是本书编写的主要目的。本书主要介绍了特殊儿童韵律体操技能教学与指导，教学方法与手段，韵律体操课的设计、组织与实施以及特殊儿童韵律体操课程音乐选择和动作编排等，并根据儿童的具体情况，就聋童、盲童、智力障碍、自闭症、肢体残疾儿童分别进行了阐述，以期对特殊教育学校更好地开展律动课提供理论和实践指导。

本教材是“普通高等教育‘十二五’应用型本科规划教材”，是广东普通高校国际暨港澳台合作创新平台及国际合作重大项目“残疾人运动与健康促进国际协同创新中心”阶段性成果。

本书共分为八章，由杜熙茹、侯晓晖主持编写。编写分工如下：侯晓晖与穆雯雯（第一章）、赵晓道与杜熙茹（第二章）、杜熙茹与王涛（第三章）、冷静（第四章）、吴国仁（第五章）、杨柳（第六章）、刘容（第七章）、杜熙茹（第八章），徐艳和张欣负责韵律体操示范套路的编排、示范。感谢参与动作示范的林晶晶、梁婉静、徐华、张琪妍、王晓、何雪、郑欣雨、李新月、那玉晓等同学。同时，还要感谢参与摄像的廖智辉老师，林如海、朱瑾、郑蔡姮同学，以及郝新爱、冯燕青、韩京等同学在编写过程给予的帮助。最后要感谢广州市越秀区启智学校的陈凯鸣校长及其他老师，以及广东省残疾人联合会的大力支持。

《特殊儿童韵律体操》的出版是一种尝试和探索，难免有许多不足之处，诚挚地希望得到广大读者和专家的指正，以便再版时修正补充。

编者

2015 年 6 月

目 录

第一章　特殊儿童韵律体操的概述

第一节　特殊儿童的定义、分类和特征

一、特殊儿童的定义

人们对“特殊儿童”的认识经历了从“残疾儿童”到“特殊教育需要儿童”的一个过程。狭义的特殊儿童专指残疾儿童，即身心发展上有各种缺陷的儿童。广义的特殊儿童指与健全儿童在各方面有显著差异的各类儿童，既包含有身体残疾或感官缺陷的儿童，或有学习、行为问题的儿童，也包含高智商和有特殊才能的儿童。1978 年，英国沃纳克报告（Warnork Report）中首次提出“特殊教育需要儿童”（child with special educational needs，SEN）。1994 年，世界特殊需要教育大会上通过的《萨拉曼卡宣言》中指出：“每个儿童都有其独特的特性、志趣、能力和学习需要，教育制度的设计和教育计划的实施应该考虑到这些特性和需要的广泛差异。”

中国台湾心理学家郭为藩（1986）对特殊儿童的定义是：由于某些生理的、心理的或社会的障碍，使其无法从一般的教育环境获得良好的适应与学习效果，而需要借着教育上的特殊扶助来充分发展其潜能的儿童。美国特殊教育学者 Kirk（1983）给出的定义是：在心智特质、感觉能力、神经动作或生理特质、社会行为和沟通能力方面，偏离一般或常态儿童。而这样偏离的情形，须得靠学校教育设施的调整，或特殊教育服务的提供，才可发展其最大潜能的程度。

因此，综上所述，特殊教育需要儿童是指因个体差异而有各种不同的特殊教育要求的儿童。这些差异表现在智力、情绪、肢体、行为发展或言语等方面，涉及心理发展、身体发展、学习、生活等各层次，长期或一定时间高于或低于健全儿童的要求。

二、特殊儿童的分类

对特殊儿童的分类，通常以特殊儿童身心特性为标准，但因对特殊儿童的看法、态度以及国家教育目标、政策的差异，不同国家或地区在不同时期从不同角度进行分类，

不尽相同。

（一）我国残疾人抽样调查及分类

1987 年第一次全国残疾人抽样调查结果：全国各类残疾人总数约 5 164 万人，其中：听力言语残疾 1 770 万人；智力残疾 1 017 万人；肢体残疾 755 万人；视力残疾 755 万人；精神残疾 194 万人；多重残疾 673 万人。

2006 年第二次全国残疾人抽样调查结果：残疾人总数 8 296 万人占全国总人口数的 6.34%，具体分类见表 1—1。

表 1—1　　我国残疾人分类

	残疾分类	具体人数	占残疾人总数比例
1	肢体残疾	2 412 万人	29.07%
2	听力残疾	2 004 万人	24.16%
3	多重残疾	1 352 万人	16.3%
4	视力残疾	1 233 万人	14.86%
5	精神残疾	614 万人	7.4%
6	智力残疾	554 万人	6.68%
7	言语残疾	127 万人	1.53%

（二）美国特殊儿童分类系统

美国为表 1—2 中的 13 类特殊儿童提供的特殊教育服务，有特殊教育法案（Individuals with Disabilities Education Act，IDEA）给予保障，美国同时也为天才和有特殊才能者提供服务，但未将其纳入法律。

表 1—2　　美国特殊儿童分类系统

	具体分类	
1	特殊学习障碍	(Learning Disability)
2	智力落后	(Mental retardation)
3	言语或语言障碍	(Speech or Language Impairment)
4	情绪与行为障碍	(Emotional/Behavior Disability)
5	其他健康障碍	(Other Health Impairment)
6	自闭症	(Autism)
7	多重障碍	(Multiple Disability)
8	听觉损伤	(Hearing Impairment)
9	肢体残疾	(Orthopedic Impairment)
10	发育迟滞	(Development Delay)
11	视觉损伤	(Visual Impairment)
12	创伤性脑损伤	(Traumatic Brain Injury)
13	聋一盲	(Deaf-Blindness)

（三）中国台湾分类系统

中国台湾将特殊儿童分为：资赋优异儿童和身心障碍儿童，其中资赋优异儿童分为一般能力优异、学术性向优异、特殊才能优异；身心障碍儿童分为智能不足、视觉障碍、听觉障碍、语言障碍、肢体障碍、身体病弱、性格异常、行为异常、学习障碍、多重障碍、其他显著障碍。

（四）中国香港特殊儿童分类系统

中国香港将特殊儿童分为听障、视障、智力障碍、精神病、肢体伤残、特殊学习障碍、言语障碍、器官残障/长期病患、注意力不足/多动症、自闭症等10个类别。

三、特殊儿童的特征

（一）听力障碍儿童的特征

听力障碍是指人由于各种原因导致双耳不同程度的永久性听力障碍，听不到或听不清周围环境声及言语声，以致影响日常生活和社会参与。根据听觉损失的程度分为聋（≥71分贝）和重听（41～70分贝）。

听力障碍儿童的认知特点主要表现如下：由于听觉刺激的缺损，对环境感知不完整，知觉信息更多地依赖视觉、触觉和动觉获得。视觉在一定程度上处于感知活动中的优势地位，聋童的眼睛就成为最主动、最活跃、最重要的感觉器官。研究表明，听觉障碍儿童观察敏锐，辨别细小物体或远处物体的技能高于听觉健全的同龄幼儿。直观形象的东西，记得快，保持得好，形象记忆优于语词记忆。听觉障碍儿童的思维有其独特的一面，思维内容具体，多以形象性的内容作为对象，其思维主要依赖于事物的具体形象，他们能够掌握具体事物的概念，但不易掌握抽象的概念，这与其视觉的优势地位和手语的沟通形式有很大的关系。与健全儿童相比，其分类能力发展较慢，常常依赖感知的特点、生活情景或物体功用来分类，而不能抓住事物的本质特征。但是随着系统教育的开展，听觉障碍学生在分类上会缩短与健全儿童的差距；由于听觉障碍儿童概念的形成过程长，所以其概念扩大化和缩小化的现象明显，这种现象同样可以在教育中慢慢消失。由于听力和语言发展的局限性，加之视觉的优势地位和手语的形象性表征，聋童的思维发展达到的水平有局限性。

听力障碍儿童在语言学习上存在困难：听、说（声音大小的控制、语调、语速等）、读（词汇少）、写（句子不完整，语法错误等）存在障碍。

听力障碍儿童在行为和社会情绪发展上受到影响，主要表现于在学校及社会环境中更易出现行为问题；错过教师的信息，就被看作不专心，粗心等；缺乏友谊与认同感，常感到沮丧、遇事退缩、易被孤立等。

（二）视力障碍儿童的特征

视力障碍是指由于各种原因导致双眼视力低下并且不能矫正或视野缩小，以致影响其日常生活和社会参与。视力障碍包括盲（最佳矫正视力＜0.05；或视野半径＜10°）及低视力（最佳矫正视力≥0.05＜0.3）两类。

视力障碍儿童的认知受限。人接收的信息80%来源于视觉，由于视力障碍儿童视觉功能受到一定程度的损害，所以听觉和触觉成为他们感知客观事物的主要途径。视力障碍儿童听觉、触觉灵敏，在帮助他们形成正确的概念和发展思维方面发挥了重要的作用。但视觉功能的缺损，仅依靠听觉和触觉依然有很大的局限性，例如听觉可以提供方向和距离方面的线索，但不能传递物体的形状、大小、颜色等，触觉感知的范围受限，很多物体根本不可能被触觉感知，使视力障碍儿童在经验广度和多样性的获得上受到限制，概念形成困难。

视力障碍儿童移动能力受限。大脑的定向和身体的行走是移动的两个核心因素。独立移动能力方面的障碍限制了视力障碍儿童通过与环境的接触获得学习的机会，导致运动发展的延迟或缺陷，降低运动技能的发展以及体质虚弱。

视力障碍儿童社会适应能力受限，主要表现在以下三个方面：一是社交技能缺乏，在社交中视觉障碍者往往面部表情不生动，姿势贫乏，缺少对他人社会信号的回应，被人误以为不关心，没有兴趣或冷漠；二是社会互动较少，主要是机会的缺失；三是行为问题，刻板行为（盲相、盲态），如：揉眼睛、晃动身体、摆手等。

（三）智力障碍儿童的特征

智力障碍是指智力显著低于一般人水平，并伴有适应行为的障碍。具体分类见表1—3。

表1—3　　传统智力障碍以IQ分数为标准的分类

程度	智力测验的分数
轻度智力障碍	50～55到70左右
中度智力障碍	35～40到50～55
重度智力障碍	20～25到35～40
极重度智力障碍	20～25以下

美国《特殊教育法案》将智力障碍定义为："一般智力功能明显低于平均水平，是指个体在标准化智力测验中的分数低于平均水平两个或两个以上标准差，即智力测验得分在70分左右或70分以下。同时伴有适应性行为的障碍，即同时存在下述适应技能中两种或两种以上的障碍：沟通、自我照顾、居家生活、社会交往、社区利用、自我决策、健康与安全、功能性学科、休闲和职业技能，并发生于发展时期（developmental period）18岁以前，对儿童的教育表现产生不利影响。"

智力障碍儿童外在体征与体能：除轻度外，大多可从眼神动作等外表上分辨出来。动作发展迟缓，敏捷度、协调性、力量等有不足现象。从游戏中可观察出他们的活动力、跳跃能力、攀爬能力差。体能低下，运动动机缺乏与认知能力低，长期静坐，下肢力量薄弱，心脏变时功能不全。

智力障碍儿童认知特点：注意力方面的主要困难：

（1）难以区别相关刺激与无关刺激。

（2）很难将注意力持续集中于某一特定任务。短时记忆（Short-term memory——是对存储时间几分钟到几小时的信息的回忆）存在困难（内容、顺序、耗时），长时记忆

(Long-term memory——短转化长，几天或几星期仍能回忆）与常人没有太大差别。学习速度慢于健全儿童，需要更多的尝试。学习泛化（将一项任务中获得的知识或技能迁移至不同环境中）的能力差，其典型表现是难以将学校学会的技能加以概括，当家庭、社区的环境安排有所变化时，他们便难以应用学校学到的技能加以应对。

(3）学习兴趣缺乏，频繁经历失败后，常常会导致习得性无助（learned helpless)。

(4）语言发展迟缓及语音问题，如发音不清、不准、有错误，语言理解差，常用词汇少，句子短，不符合情境等。音质、音量、音调或速度也异于常人。

智力障碍儿童的适应行为：日常生活自理能力差；社会化发展人际关系不良，缺乏社交技能；休闲活动单一，缺乏技能。

不同程度群体之间差异较大。轻度智力障碍一般学龄期可以发现，能够掌握基础的学业技能和一定的职业技能，生活适应性良好，足够保证他们独立或半独立地生活；中度智力障碍在学前阶段便会表现出明显的发育迟缓，与同龄健全儿童间存在全面而普遍的差异，更容易有健康和行为方面的问题；重度与极重度智力障碍出生后便可鉴别出来，有明显的中枢神经系统的损伤，多伴随其他一些残疾或健康问题。

（四）自闭症儿童的特征

自闭症谱系障碍（Autism spectrum disorder，ASD）儿童两大核心症状（DSM-5)：一是狭窄的、重复的、刻板的行为、兴趣与活动。具体表现为：刻板、重复的动作（局部或全身)；狭窄的兴趣，且过分专注，强迫性喜爱某物；需要可预见性、结构化的环境与活动；固守常规，抗拒改变；物归其位，有规律的日常程序。二是社会沟通障碍。具体表现为：部分自闭症儿童无口语；回声式（模仿）语言，持续反复地说着听到他人的部分语言，有即时性的，也有延迟性的；人称代词反转现象；很少使用“我”，多用“你”；不会恰当有效地使用语言，比较不会因人、因时、因地、因事而言，对于沟通情境的判断能力远落后于同龄人；对言语信息只能进行具体或字面上的处理，简单的因果关系和有明确答案的问题比抽象的概念或者惯用语的表达更容易让他们理解；缺乏理解语言社会化意义的功能，没有幽默感，不懂笑话。

自闭症儿童在感觉和运动方面的障碍表现，对感觉刺激反应方式异常，反应不足，正常方式下很难对他们的皮肤造成较高程度的刺激；反应过度，不能忍受某些声音，不喜欢被触摸或对某些纹理感觉不舒服，拒绝吃某种味道的食物等。运动障碍包括体态的异常，脸部、头、身体、四肢的运动异常，眼睛运动异常，重复性的手势和动作以及笨拙的走路姿态。

自闭症儿童智商水平分布很广，发生于从超常到智障的各种智力水平的儿童身上。目前倾向于认为只有30%的自闭症患者存在智力障碍。“高功能自闭症”往往称谓那些智商较高的自闭症患者。有少数人是自闭天才，他们在记忆、数学计算或者音乐方面具有突出能力，但在其他方面可能都处于较低水平。

（五）肢体障碍儿童的特征

肢体障碍是指人体运动系统的结构、功能损伤造成四肢残缺或四肢、躯干麻痹（瘫痪)、畸形等而导致人体运动功能不同程度的丧失以及活动受限或参与的局限。肢体障碍有多种类型，包括：脑性麻痹、脊柱裂、肌肉营养障碍、脊椎神经损伤等。

肢体障碍儿童的主要困难是运动障碍，因生理上的明显残缺和身体运动能力受到限制，影响一项或多项生活活动，可能产生不同程度的心理障碍。严重的肢体障碍儿童多缺乏生活自理能力，更加容易产生自卑心理和依赖感。

第二节　特殊儿童身心特点

特殊儿童与健全儿童的心理发展既有共性，又有差异，而且共性远大于差异。这是目前国内外大多数特殊教育学者已经形成的共同认识。

一、特殊儿童心理发展的一般性

特殊儿童首先是儿童，其次才是有特殊需要的儿童。无论生理上还是心理上，特殊儿童和健全儿童都存在很多共性。台湾学者陈政见认为，特殊儿童与健全儿童的共性主要体现在5个方面：①发展历程模式相似；②生理组织结构相似；③心理需求要素相似；④人格结构发展相似；⑤社会适应内容相似。

特殊儿童处于生长发育期，随着年龄的增长，其身高、体重、体型、结构、机能等都在自然地生长变化。他们同样经历乳儿期、婴儿期、幼儿期、儿童期、少年期、青年期等重要的发育阶段。在青春期，特殊儿童的身体也会发生急剧的变化，性成熟时性别特征明显。在心理方面，特殊儿童同样遵循儿童心理发展的基本规律。

（一）由简单到复杂的发展顺序

特殊儿童的心理发展基本上也是遵循由低级到高级、由简单到复杂的顺序。例如，盲童、聋童、天才儿童等的思维发展首先要经历感知运动阶段，然后发展至前运算阶段和具体运算阶段，最后才达到形式运算阶段。

（二）遗传、环境和教育的共同作用

遗传、环境和教育在特殊儿童的心理发展上同样起重要作用。首先，遗传是特殊儿童心理发展的基础。遗传因素给特殊儿童带来与生俱来的解剖生理特征，特别是中枢神经系统的特征决定了特殊儿童心理发展的可能性。例如，自闭症儿童可能终身都会带有这种病症所特有的某些特征。其次，环境和教育提供了特殊儿童心理发展的现实性。如果家长和教师因孩子有残疾而低估了其发展潜力，没有给他们提供适当的教育，那么儿童的心理发展就会受到很大的限制。例如，超常儿童的遗传素质非常优异，但如果教师和家长不提供有助于他们发展的环境和教育，其发展的潜在可能性也不会成为现实。

（三）心理需求是心理发展的内因

环境和教育是特殊儿童心理发展的外因，外因只有通过内因才能起作用。特殊儿童的需要有物质方面的，如食物、水、衣服等；也有精神方面的，如学会某种技能，完成一件手工作品，将来找到一份工作等。特殊儿童的新需要与他们已有的心理水平或状态之间的矛盾是特殊儿童心理发展的内因。特殊儿童的新需要与他们已有的心理水平或状态是矛盾

的双方，两者既对立又统一。特殊儿童的需要总是在一定的心理水平上产生的。例如，智障儿童的心理水平决定了他们的心理需求较健全儿童相对落后，即使社会环境对他们提出了较高要求，也很难转化为他们内心的需要。反之，某种心理水平的形成，也有赖于是否有相应的需要。如果多动症儿童不想学习，那么他的知识和技能也不可能达到所期望的水平。因此，对特殊儿童的教育和训练要从实际出发，否则难以取得良好的效果。

二、特殊儿童心理发展的特殊性

特殊儿童与健全儿童之间的差异是客观存在的，主要在表现以下 3 个方面。

（一）特殊儿童的身心缺陷明显多于健全儿童

大部分特殊儿童都有生理和心理的缺陷，这些缺陷妨碍了他们以正常的方式和速度去学习和适应，其心理发展会产生较多的问题，易引发第二性缺陷——心理障碍。例如，盲童的视觉器官有缺陷，他们不得不利用听觉、触觉等来感知外界事物。由于失去接收外界信息的视觉通道，他们对一些事物的认识往往不够全面。聋童由于听觉器官有缺陷，对其语言学习会产生不利的影响，而语言发展的局限性又会妨碍其抽象思维的发展。肢体残疾儿童在动作技能的发展上会受到很大的限制，有时生活难以自理。智障儿童的智力有缺陷，他们学习知识和掌握技能比健全儿童晚，起点低、速度慢，所能达到的水平一般也有限。

（二）特殊儿童的个体间差异和个体内差异都明显大于普通儿童

特殊儿童个体之间的差异非常大。个体间差异既包括不同类型的特殊儿童之间的差异，又包括同一类型的特殊儿童之间的差异。例如，超常儿童与智障儿童分别代表了智力水平较高和较低的两类儿童，这两类儿童之间有极大差异。又如，盲童接收外界信息的方式明显不同于聋童及其他儿童。即使属于同一类型的特殊儿童，因造成其心理发展异常的原因不同，每个儿童的个体特征也不同。正是由于特殊儿童之间存在着较大的差异，所以，在对其实施心理健康教育之前应该进行归类和具体分析。个体内差异通常是指个体内部各种能力之间的差异。特殊儿童各种能力的发展不平衡，差异特别大。例如，有些自闭症儿童的记忆力非常好，而语言理解力、人际交往能力又特别差；又如，有些聋童虽然听不见声音，但手眼协调能力却非常好。因此，对特殊儿童的心理健康教育要根据其个体特点进行。

（三）特殊儿童的学习和生活适应能力明显差于健全儿童

特殊儿童往往难以适应学校的教育教学要求，在人际交往和社会活动方面也面临较多困难，需要接受特殊教育和特别辅导。例如，普通学校的教学内容对超常儿童可能过于容易，而对于智障儿童则可能太难。对大多数聋童和盲童而言，他们可能无法适应普通学校的教学方式。学校需要根据特殊儿童独特的教育需要设计课程和教材，采取个性化的教学方式，特殊儿童才可能获得最大限度的发展。又如，社会处境不利的儿童由于其成长的“特殊”环境，其学习和生活会面临更大的挑战，往往会造成适应不良。因此，对特殊儿童的心理健康教育同样也需要考虑特殊的方式方法。

三、特殊儿童一般发展和特殊发展的关系

儿童身心的发展有自身固有的规律，如身体成熟的发展、运动——动作的发展、语言的发展等都有各自的先后顺序。或者说，无论他们的生理发展还是心理发展都有由简单到复杂的顺序。这就是一般发展，它是一切发展的基础。但多数特殊儿童在智力、感官、情绪、身体、行为、言语或沟通能力上与健全儿童有明显的差异。虽然有些特殊儿童的生理缺陷显而易见或无法改变，但其生长发育过程（如发展顺序、发展阶段等）和健全儿童并无不同，并且有着相同的心理、要求及愿望，存在各方面能力发展的潜能，只是发展速度慢一些，遭遇的困难多一些。他们某些方面的特殊发展依赖于相应的教育和训练，否则其特殊发展是无法实现的。对健全儿童所进行的某些发展教育，对特殊儿童同样适用，如感官动作的能力、日常生活的自理能力、社会适应能力、语言沟通能力、认知技能等，但是需要根据每个特殊儿童的特点进行指导和训练，才能发挥其潜能。因此，特殊儿童的发展是一般发展和特殊发展的有机结合，一般发展奠定了一切发展的基础，没有这一基础所有的发展都无法实现，同时，特殊儿童又需在此基础上开展相应的特殊发展训练。

第三节　特殊儿童韵律体操概述

一、韵律体操概述

（一）韵律体操的定义与起源

韵律体操（Rhythmic Sportive Gymnastics），直译于俄语，属于现代体操的一种，在我国和东欧国家习惯叫艺术体操，在美国以前叫做健身舞、有氧舞蹈、有氧体操、健美操、迪斯科体操，现在欧美都称其为现代韵律体操。它是以韵律和自然性动作为基础，融入芭蕾舞、民族舞、竞技体操、技巧、武术、杂技、戏剧等技术之精髓，创造出的一整套有思想、有表情、有层次、有结构、有难度的一种练习方式，对于其定义，不同的理论著述提出了不同的观点。

《体操大辞典》说国际上称艺术体操为韵律体操，是一种艺术性很强的女子竞赛体操项目。所有的练习都是在女子的生理及心理特点基础上发展形成的，能充分体现出韵律感、自然美和协调性等女性的健美气质。在节奏明快的音乐伴奏下，徒手或持轻器械，轻快自如、优美流畅地完成各种动作，使人们受到美的教育和熏陶。徒手练习是重要的基础练习，包括走、跑、跳、转体、平衡和四肢各种摆动、绕环、屈伸、舞步等。轻器械有绳、圈、球、棒、带等。这些练习，可提高人体的柔韧、协调、灵巧性，锻炼出健美的体态，培养提高人的音乐感、节奏感和表现力等素质。

迟振国认为，韵律体操是女子在音乐伴奏下，徒手或持绳、圈、球、棒、带等轻器械的一种艺术性较强的竞技性体操项目。

王钱琴认为，韵律体操是运动员（集体或个人）徒手或手持轻器械，在和谐的乐曲伴奏下做出各种优美的动作，是当代女子独有的一项竞技运动项目。

唐星星认为艺术体操（国际上称为韵律体操）是一项徒手或手持轻器械在音乐伴奏下

以自然性和韵律性动作为基础的体育运动项目，是一种艺术性较强的女子竞技性体操项目。

韵律体操界普遍认为韵律体操是一项19世纪末20世纪初在欧洲起源的体育项目，当时欧洲正处于教育改革和文艺革新的历史阶段，妇女运动有了较大的发展，一些生理学家、音乐家和舞蹈家认为，当时法国、德国、瑞士、芬兰等国家流行的体操，以静力动作为主，强调形式，过于机械，不适合女性的生理、心理特点。他们主张以身体的自然动作为基础，使动作流畅并富于节奏感，尤其要注意女子动作的优美性和艺术性特征。由此，出现了重视身体优美均衡的女子体操和有音乐伴奏的音乐体操，后来逐渐发展为韵律体操。

洪小平认为，韵律体操起源于19世纪初，是在以卢梭、佩斯泰洛齐等人为代表的强调自然、追求个性自由的教育思想的影响下发端的。它一经出现就带着上述思想影响的痕迹和功利性，随着这一项目发展的进程，在艺术界（主要是舞蹈和音乐界）的影响下，它开始有追求艺术效果的倾向。进入20世纪后，韵律体操开始走上赛场。而另一方面是韵律体操在教育领域的进一步实施后，由于韵律体操实践的不断丰富，它的结构趋于稳定，在竞赛场上作为独立的女子项目出现，在不少国家，已把韵律体操定为学校体育美育不可或缺的手段。当今韵律体操的结构更加完善，功能更加多样化，开展的规模越来越大、范围越来越广，已成为增强人们身心健康，供人们精神享受的不可多得的项目。

艺术体操是在徒手体操及手持轻器械的基础上发展而来的，最初艺术体操比赛是以6人或8人的持轻器械团体比赛形式和竞技体操同时进行。国际体操联合会于1962年6月在布拉格举行的第41次代表会议期间，才正式承认它为独立的运动项目，并命名为“现代（modern）体操”。1963年在布达佩斯举行了第1届艺术体操世界锦标赛。1972年国际体操联合会又把它改名为“现代韵律体操”。1975年现代韵律体操委员会为了突出该项目的竞赛性，一致同意再次改名为“竞技性韵律体操”（或译为韵律运动体操）。1980年国际奥委会已决定将韵律体操列为奥运会项目，这表明它已是一项较为成熟的竞技运动。

（二）韵律体操的分类

鉴于分类的目的、要求、依据不同，国内研究者从不同角度提出了不同的分类方法。

1. 按内容是否有竞技性来分

可以分为一般性韵律体操和竞技性韵律体操两种。一般性韵律体操的主要任务是增进健康、促进练习者正常发育，发展其灵敏、柔韧、协调等身体素质，塑造健美体型、体态，增强练习者的音乐感和表现力，使其更朝气蓬勃。一般性韵律体操是以自然和协调的动作为基础，其动作难度和肌肉工作强度较小，它的形式多样，器械较多，不受场地的限制，很适宜在大、中小学校的女学生中开展。如今，我国不少地区已把韵律体操列入体育教学内容中，成为体育教育的一种手段和开展课外活动的内容之一。

竞技性韵律体操则是在自然、协调的动作基础之上、以更优美和高超的身体动作同器械动作相结合、在乐曲伴奏下所进行的个人和团体的一种竞赛。竞技性韵律体操有绳、圈、球、棒、带五种；有时间（个人为1分至1分30秒；团体为2分30秒至3分）、场地（12×12米见方的地毯或地板地）、人数（个人及6人团体）和器械规格等要求。每年比赛的项目由国际体联规定，个人项目通常包括4套动作，即五个项目（绳、圈、球、棒、带）中的4项。团体项目由五人组成的集体，包括两套动作：同种器械和不同种器械，每两年换一次器械，比赛每队必须由6名运动员组成，器械的选用也是由国际体联规定，选用一种或两种器械。

2. 按实施的范围来分

可以分为竞技韵律体操、大众韵律体操和学校韵律体操。竞技韵律体操是一种艺术性较强的女子竞技性体操项目，包括绳操、圈操、球操、带操、棒操、纱巾操几个项目。大众韵律体操是在音乐伴奏下徒手或持轻器械进行的身体练习，是女子特有的、符合女子生理和心理特点的艺术性较强的体操项目。主要目的在于健身娱乐、防治疾病，其群众性、社会性较突出，且个人参与的自由度较大，练习形式包括徒手及手持器械练习，器械包括绳、圈、球、棒、带以及纱巾等。学校艺术体操是指在学校环境中，通过教学课、课间及课外活动等组织形式，使学生掌握艺术体操的基本知识、技术和技能的教育活动和教育方式。学校韵律体操以一些基础性的内容为主，在学校韵律体操中，并不排斥竞技韵律体操的内容，因为培养学生竞技运动技能是体育教育的目标之一，同时通过学校韵律体操还可发现有培养前途的苗子，为竞技体育输送后备人才。

3. 按大学公共体育课系列来分

按大学公共体育课系列来分主要分为大众性和竞技性两类。大众性的主要目的是增进练习者的身体健康，发展协调、柔韧、力量等身体素质，塑造形体，掌握艺术体操基本动作方法，增强动作的节奏感和表现力，培养良好的气质。大众性包括徒手和手持各种轻器械的基本动作，轻器械包括纱巾、扇子、旗子、手鼓、短棍等器械。竞技性是以提高技术水平和参加竞赛为主要目的，比赛采用绳、圈、球、棒、带五种器械，竞技性有专门的竞赛规则，个人和集体比赛的成套动作的时间、难度、场地、人数、器械规格、音乐伴奏等都有规则要求。

（三）韵律体操的特点

1. 韵律、节奏和艺术性特征

韵律体操是融体操、舞蹈、音乐、美术于一体，在韵律体操运动中，处处表现出艺术性特征。练习者要感应到音乐的节奏感和韵律性，体验到动作力度的强弱和速度的快慢上的规律变化，同时还要注重韵律体操每个动作的柔美性，体现自己美观大方、造型新颖、朝气蓬勃的一面。

韵律体操是以自然性的动作为基础的节奏运动。韵律体操要求练习者一定要掌握松弛的技术，防止由于过分紧张用力而造成动作僵硬。节奏的基本动作是摆动、波浪和弹性动作。因此，波浪起伏、流动和节奏是韵律体操区别于其他运动项目的主要特点之一。

韵律体操具有高超的难度技巧，独特新颖的编排，是一种妩媚多姿的舞蹈，它要求每一个动作的一招一式不仅具有线条美和节奏美，而且还要有大小、高低、强弱、快慢、缓急、正侧、主宾、虚实、方圆、奇偶、断续、顿挫、张弛、离合等变化，表现出韵律体操的高雅和谐，刚柔相济，动静结合的美姿，从而使人们赏心悦目。

2. 广泛的群众适应性特征

韵律体操主要是发展协调、柔韧、力量、耐力等身体素质，增进健康，强调紧张与放松相交替，对运动者自身要求不高，没有危险性，以及其所特有的韵律性和艺术性，不受场地器材限制的优点，使这个项目很容易在大、中、小学中普及，在女生中尤其易于开展。它可以根据各校的特点和条件，选择不同难度、不同动作幅度、不同动作类型的练习内容，可以室内练习也可在室外练习，只要有一块平坦的场地即可。

3. 可使用轻器械

练习者需要手持各种不同的轻器械完成各种器械动作（如抛接、滚动、转动等）和身体动作（如跳跃、转体、平衡等）。对于艺术体操，不管使用何种器械，对动作来说，都是起辅助作用的，应把它们看作是身体某一部分的延长，起到加大整个动作幅度的作用。为了使身体动作和器械动作有机地结合，初学者应在掌握基本身体动作之后才能运用器械，即徒手练习是基础。如果在使用器械时，没有身体动作，那么器械动作难度再高，也不能成为韵律体操，因为那种单纯使用器械的动作与杂技演员的动作没有什么区别，这就失去了韵律体操的基本特点。

二、特殊儿童韵律体操

（一）特殊儿童的律动课程

律动就是有节奏的跳动和有规律的运动，多指人们听到音乐后，按照节奏而通过身体的方式表达出来的那一种感觉。幼儿律动一般是指儿童在音乐或节奏乐器的伴奏下，根据音乐的性质、节拍、速度做有规律的动律性动作。律动操练习能促进幼儿身、心的全面发展，可作为对幼儿进行全面发展教育的手段。简而言之，幼儿律动课程就是以运动为主体，以游戏为方法，以教育为指导，以培养幼儿身心健康发育的基础能力为目标的活动。让孩子从愉悦中得到潜移默化的调节，提升自身的感统能力，激发其优秀潜能，协调发展，快乐体验，轻松学习，在玩中学、学中玩，使孩子的触觉、视觉、听觉、平衡感、本体感等综合素质得以全面提高。

起源于18世纪英国皇室的“皇家幼儿体智能律动”课程是由“优美的音乐”＋“活泼夸张的动作”＋“快乐有趣的游戏”组成的，律动课程不但可以作为热身运动，也可以让幼儿感受各种不同的特色曲风（全世界各国的音乐）。它还包含有趣的体操、可爱的动物律动、时尚流行的律动、生活化律动、环保律动、卡通律动、亲子律动、节庆律动、数字律动、美语律动、古典音乐、民俗律动、温馨手语带动唱等，可以锻炼幼儿的大脑、骨骼、肌肉的发育。

特殊儿童的律动教学内容包括舞蹈、体操、游戏、音乐等，其教学目的是通过教学使特殊儿童掌握浅显的律动基础知识和基本技能，发展儿童的智力，提高其身体素质，使儿童的身心得到协调、均衡、健康的发展。旨在培养特殊儿童的节奏感、协调感，提高模仿、表达、自控、空间定向以及对韵律的初步感受、欣赏和表现能力。目的在于通过美育陶冶情操，不同程度的补偿特殊儿童的生理、心理缺陷。

目前，在许多特殊学校都开展律动课程，通过律动课程，可以提升特殊儿童大脑的敏捷平衡、身体的巧致律动、关节的柔软协调、肌肉的耐力与爆发力，是帮助特殊儿童康复的一种有效手段。律动操是韵律体操的一种表现形式，是包含在韵律体操概念中的。同样，特殊儿童律动操也包括在特殊儿童韵律体操概念内。

（二）特殊儿童韵律体操的定义

韵律体操是在音乐的伴奏下，配有大量的身体动作，有利于儿童时间知觉、空间知觉、运动知觉、注意力、表现模仿能力等心理过程的发展，同时培养儿童对舞蹈和体操的兴趣，顺应儿童身体与心理健康发展。儿童进行韵律体操的训练不仅能够增强其体质，发展其智力，更能培养他们活泼、开朗的性格和大胆、勇敢、探索的精神。在这里我们可以认为，特殊儿童韵律体操是在音乐的伴奏下，融体操、舞蹈为一体，以对特殊儿童缺陷的最大程度补偿为目的，有利于他们潜力的发挥，按照全面协调发展特殊儿童身心的要求，达到康复、矫正及增进健康的目的，最终使他们增长知识、获得技能、完善人格，增强社会适应能力的一种锻炼手段。

（三）特殊儿童韵律体操的分类

韵律体操的内容是丰富多样的，根据特殊儿童的具体需求，我们可以划分为下列内容。

1. 徒手韵律体操

它是根据人体各部位的特点，依照一定的程序，由举、振、屈、伸、转体和绕环等一系列徒手动作所组成的身体练习，是韵律体操中最基本的练习。动作简单，不受场地和器材条件的限制，易于推广，具有广泛的群众性。经常做操，可使四肢和躯干灵活，动作协调，对增强中枢神经系统、促进血液循环、加速物质代谢、预防疾病、振奋精神，都有积极的作用。

2. 轻器械韵律体操

它是在徒手操的基础上，通过手持体操棒、沙锤、铃鼓、橡皮筋、皮球、哑铃、跳绳等等的轻器械进行的身体练习。少年儿童经常进行轻器械韵律体操，可促进身体正常发育并能发展身体的力量、柔韧、灵敏度、弹跳力和协调能力。

3. 实用性韵律体操

实用性韵律体操的内容有运动补偿性韵律体操、医疗保健性韵律体操。韵律体操练习的作用不同，练习的方式方法也不同。

（1）运动补偿性韵律体操

某种缺陷可能引起特殊儿童整体发展水平的相对滞后，必须通过各种途径来弥补、代偿受损的组织和器官的功能，补偿的过程中，机体的代偿是根本的条件，功能训练是促进补偿的重要因素。通过科学有效的韵律体操练习，尽早地对儿童进行早期诊断、训练和教育，最大限度地弥补缺陷和发挥补偿功能，是运动补偿性韵律体操的最终目的。

（2）医疗保健康复韵律体操

将韵律体操与医疗保健康复相结合，有针对性地配合各种医疗、保健、康复措施，通过韵律体操锻炼来治疗特殊儿童的疾病和创伤。早期干预与早期教育原则认为，应尽可能地在儿童发育的早期对他们进行诊断、训练和教育，因为儿童早期的可塑性强，早期的干预和训练容易收到事半功倍的效果，有利于提高儿童适应环境的能力。

三、特殊儿童韵律体操的功能与作用

（一）智能开发的有效途径

智能是智力与能力有机发展的统合，智力是指一个人的智慧或聪明的程度，而能力是在智力的基础上掌握知识和应用知识完成一定活动的本领。特殊儿童韵律体操由于它本身具有的特点，从而赋予了它在传授知识和形成技能中能很好地锻炼智力和能力，能增强儿童大脑中枢神经系统的功能，提高大脑的均衡性、灵活性和思维能力，保证今后的学习与生活所必需的充沛精力，使儿童的体力和智力相得益彰和谐发展。其特殊的作用主要表现在对空间、色彩、语言、数量形的认知上，并在方向、速度、力度上都明显地表现出运动的主动色彩。通过韵律体操技能的学习，可以提高特殊儿童对时间、空间与力度关系的认知。

（二）身体发展的良好手段

参加韵律体操练习讲究的是收敛和优雅，强化独特的修长锻炼法，这对于培养特殊儿童优雅的姿态很有功效。韵律体操动作除了强调大肌肉、大动作的发展，也重视小肌肉、小动作的活动能力，如持器械做各种绕、摆、8 字等可以训练手指尖的巧致性。经常立踵、小跳、大跳等，可以发展腿部力量，有助于培养弹跳素质、速度素质和耐力素质。各种姿势的平衡要求在最小的支撑面上完成并保持一定的稳定时间，这是培养儿童平衡能力和身体各部位控制能力的较好方法。各类转体动作最能体现在动态中运动的控制力及时间判断能力。通过身体与器械动作的巧妙运用，可以有效提高协调性及反应能力。在教学中，经常鼓励儿童使用双手和利用身体两侧做动作，还可以提高大脑的均衡性及肢体的协调。由此可见，韵律体操这种教育手段和形式，能最大程度促进特殊儿童体质健康、体型匀称、体态端正、动作矫健等。

（三）社会行为的教育载体

在现今多元及多变的社会环境中，群体的互动是十分重要的。由于特殊儿童身心有缺陷，他们往往有自卑心理，在社交方面会存在多多少少的障碍。韵律体操教学不仅局限于身体活动的物化层面，通过教师精心设计和组织的课程学习，还可以培养儿童交友能力及亲近他人的能力，学会在一个团队内与他人合作、对话及沟通，并从帮助他人的情境中获得满足感。如很多活动方式（器械交换、配合造型、轮流练习、相互提问、角色分配、创意活动、各类游戏等）都可以使特殊儿童在不知不觉中受到感染和陶冶，从而加深对已有的道德认识，提升对自我的重视。

（四）情感培养的重要内容

情感教育是促进特殊儿童个性发展和身心健康不可缺少的重要因素。韵律体操中的许多基本技能，如一个轻微的手腕转动就能产生一个有趣的运动，儿童容易在学习初期就能感受到自己所取得的进步，从中体验到成功的快乐。韵律体操教学方法的多样化，如学习成果的分享、对他人仪表及协作的赞同、对漂亮动作的欣赏以及练习过程中的队形变换、音乐与动作配合等都能带来巨大的精神快乐，形成愉快的情绪和积极的情感。在教学中，根据学生的水平设置目标，使每个人通过一定的努力都能达到目标，有利于调动学习的积极性，培养自信心和成就感。此外对于因某些原因而引起焦虑不安、孤独少言、消极离群和心理障碍的儿童，有意识地设定一些激发情感的情境，如难度动作挑战、新奇器械技能学习等，可鼓励这些被压抑的儿童更有冒险精神，促使他们积极参与活动，使心胸变得更宽阔。这样才有利于培养平易近人、与人为善的性格，提高自信心和自我认识能力，减轻心理压力和宣泄释放情绪等。

（五）审美教育的特殊园地

审美教育可以帮助特殊儿童改善审美观念和审美能力，提高他们热爱美、鉴赏美、表达美、创造美的能力的培养。韵律体操运动中包含着极其丰富的审美教育内容，其教学过程由始至终都贯穿着对美的要求。在教学中，儿童除了要学会动作技术外，还要学会用审美的眼光去观察和把握教学的每一个细节，如对姿态及形体的特殊要求，对表现力的要求，观察和评价他人的表演动作等，使儿童在动作技术学习中逐步去体会美、创造美、鉴赏美，通过亲身经历体验动作美与表现美的深刻含义，增强审美技巧和审美能力。韵律体操还具有艺术的愉悦作用，音乐伴奏是抒发情感及情绪的有效途径，动作与音乐的完美结合，可使儿童在充满音乐艺术的氛围里，随着音乐的高低、旋律的快慢来舞动身体，提高对音乐的理解，享受创造的乐趣，使其在潜移默化中更好地领略优美的意境、陶冶性情、提高艺术素养。此外老师有组织的教学节奏、规范的形体动作和姿态语言，直接影响着儿童审美意识和爱好，有助于领悟其中的艺术内涵、培养艺术兴趣、艺术才能和特长的发挥。

（六）对特殊儿童的康复作用

有研究实验研究表明，韵律体操训练程序对痉挛型脑瘫（Cerebral Palsy）患儿的体能、智能、心理发育均有明显的康复疗效，并发现韵律体操训练程序对小儿智力发育筛查量表（DDST-R 量表）中的粗大运动、精细动作、语言能力、认知能力、社交行为 5 个方面的功能均有明显促进作用。

韵律体操的练习可以提高脑瘫患儿的运动能力，对于建立四肢各关节屈、伸、收、展、旋前、旋后等主动运动的意识，提高各关节活动功能，巩固坐位与翻身的能力，对腰背肌力、腹肌肌力、手的抓握与放松以及肩带和骨盆的稳定性均起到提升作用。还可以提升他们的语言与感知认知能力。帮助脑瘫患儿建立和增强音乐节奏感与发音的意识，提高口唇与舌的灵活性以及肺呼吸的功能。更重要的是，通过反复的言语刺激和动作练习，可以提高脑瘫患儿的本体感知觉与运动的统合能力。通过节律性语言，可以提高脑瘫患儿对自己身体各部位认知的兴趣。同时，通过有节奏的体操练习，还能减轻儿童对“上、下、左、右”等抽象的空间概念的认知难度，提高其认知水平。

第二章　特殊儿童韵律体操基本动作

第一节　特殊儿童韵律体操基本动作的概念及作用

一、特殊儿童韵律体操基本动作的概念

特殊儿童韵律体操基本动作是韵律体操的核心，是指练习者在坐、立、行、卧等自然状态下对身体和动作姿态进行的简单艺术加工，它们是动作中最基础、最主要、最稳定的部分，是学习和掌握其他动作的基础。各种动作都是在此基础上产生和发展的，并以此为核心加以扩展。韵律体操任何组合动作都是以它为基本元素进行编排的，它的内容丰富，动作相对比较简单，练习者易于练习和掌握。

特殊儿童韵律体操基本动作的练习能为特殊儿童学习韵律体操打下良好的基础，能够提高其美化和控制身体及动作姿态的能力。特殊儿童韵律体操基本动作练习的正确与否，不仅会影响练习者的姿态，还会影响动作的难易程度和锻炼效果。因此，正确地掌握韵律体操的基本动作，是特殊儿童学习韵律体操过程中至关重要的一环。

特殊儿童韵律体操的基本动作主要包括身体的基本姿势和基本动作两种。身体的基本姿势主要是站立姿势；身体的基本动作主要有屈、伸、转、绕、举、摆、振、踢、跳等。动作部位包括头颈、上肢、下肢和躯干部位的动作。

二、特殊儿童韵律体操基本动作的作用

（一）建立正确的动作技术概念

体育教学的主要任务之一就是使练习者掌握一定的运动技能，并能在此基础上，灵活的应用与创造新的运动技能。一个新的动作的形成，必须通过听、看来感知技术动作过程。练习特殊儿童韵律体操基本动作，有利于特殊儿童建立肌肉活动顺序，形成正确的动作规格，从而使特殊儿童尽快建立正确的动作技术概念。

（二）培养良好的身体姿态

练习特殊儿童韵律体操基本动作，有利于培养特殊儿童良好的身体姿态。正确的韵律

体操动作能给人带来美的感觉，良好的身体姿态则能反应特殊儿童的精神面貌及艺术造诣，是美的直接反映。通过练习特殊儿童韵律体操基本动作，也可使特殊儿童全身的肌肉得到均匀的发展，有利于良好体态的塑造。

（三）韵律启蒙的较好手段

练习特殊儿童韵律体操基本动作，是进行动作韵律启蒙的较好手段。在开始进行基本动作练习时，一般多以局部单个动作反复练习为主。这可以使特殊儿童学会肌肉如何发力及控制，并体会人体在整个运动过程中各部位之间的协调配合所产生的动作韵律，从而达到真正的练习效果。

（四）促进身体形态和机能的成长发育

特殊儿童每天通过身体上下肢、躯干、头部等部位协同一致的练习，大、小肌肉群的协调用力，促进身体形态和机能的成长发育，增加身体对方位、动作节奏、速度和动作美的感受力，使动作协调、灵敏，提高注意力、观察力和动作思维能力，逐渐养成做韵律体操的习惯，增强群体意识。

第二节　特殊儿童韵律体操的头部及上肢动作

特殊儿童韵律体操的基本动作是体现韵律体操练习者身体动作基本姿态的主要练习手段，主要分为颈（头）部动作、上肢动作、躯干动作和下肢动作。

一、特殊儿童韵律体操的颈（头）部动作

（一）屈

颈椎关节的弯曲，包括前屈（低头），如图 2—1 所示；后屈（抬头），如图 2—2 所示；侧屈（左右屈），如图 2—3 及图 2—4 所示。

图 2—1　前屈

图 2—2　后屈

图 2—3　左侧屈

图 2—4　右侧屈

（二）转

颈的转动动作，包括向右转头，向左转头，如图 2—5 及图 2—6 所示。

图 2—5　右转头

图 2—6　左转头

（三）绕旋

头部的旋转动作，包括右旋转，左旋转，如图 2—7 及图 2—8 所示。

图 2—7　右旋转

图 2—8　左旋转

二、特殊儿童韵律体操上肢动作

(一) 手形

手形的变化不仅可以使手臂的动作更加丰富多彩，生动活泼，表现出美感，而且有助于加强动作的力量性。常用手形有以下几种。

1. 掌

(1) 并指掌：大拇指指关节弯曲内扣，其余四指并拢伸直。手腕伸直，使手臂成一条直线。腕关节与掌指关节适度紧张，如图 2—9 所示。

(2) 分指掌：五指用力分开，并伸直，如图 2—10 所示。

图 2—9　并指掌

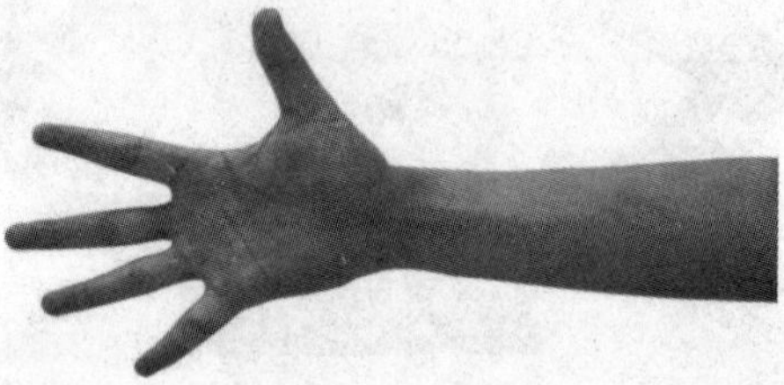

图 2—10　分指掌

(3) 屈指掌：手掌用力上屈，五指自然弯曲，如图 2—11 所示。

2. 拳

(1) 实心拳：拇指握住四指，中间无空隙，如图 2—12 所示。

图 2—11　屈指掌

图 2—12　实心拳

（2）空心拳：拇指握住四指，中间有空隙，如图 2—13 所示。

3. 其他手形

（1）西班牙舞手形：五指分开，小指内旋，拇指稍内收，如图 2—14 所示。

图 2—13　空心拳

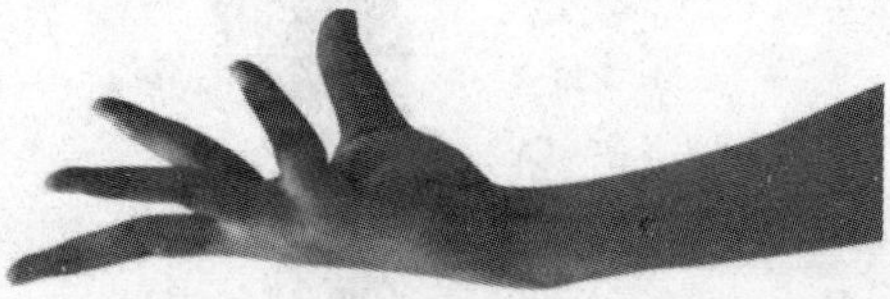

图 2—14　西班牙舞手形

（2）剑指：食指和中指并拢伸直，拇指、无名指小指内收，如图 2—15 所示。

（3）“V”指：拇指与无名指、小指弯曲，食指与中指伸直并尽力分开，如图 2—16 所示。

图 2—15　剑指

图 2—16　“V”指

（4）响指：无名指与小指屈握，拇指与中指、食指摩擦后，中指击打大鱼际处产生响声，如图 2—17 所示。

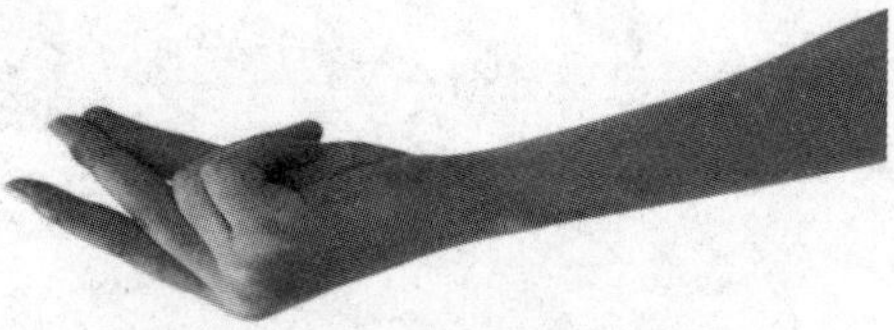

图 2—17　响指

（二）手臂动作

1. 举

动作描述：以肩关节为轴，臂的活动范围不超过 180°并停止在某一部位。

注意要点：动作到位、路线清晰、有力度。

动作变化：平举包括前平举（如图 2—18 所示）和侧平举（如图 2—19 所示）；上举包括前上举（如图 2—20 所示）和侧上举（如图 2—21 所示）；下举包括前下举（如图 2—22 所示）、后下举（如图 2—23 所示）及侧下举（如图 2—24 所示）。

2. 屈、伸

动作描述：屈是指肘关节的弯曲动作，伸是指由屈开始，做伸直肘关节的动作。

注意要点：关节做有弹性的屈伸。

动作变化：胸前屈包括胸前平屈（如图 2—25 所示）及胸前上屈（如图 2—26 所示）；

肩侧屈包括肩侧上屈（如图 2—27 所示）、肩侧下屈（如图 2—28 所示）、腰侧屈（如图 2—29 所示）、头后屈（如图 2—30 所示）和背后屈（如图 2—31 所示）。

图 2—18　前平举

图 2—19　侧平举

图 2—20　前上举

图 2—21　侧上举

图 2—22　前下举

图 2—23　后下举

图 2—24　侧下举

图 2—25　胸前平屈

图 2—26　胸前上屈

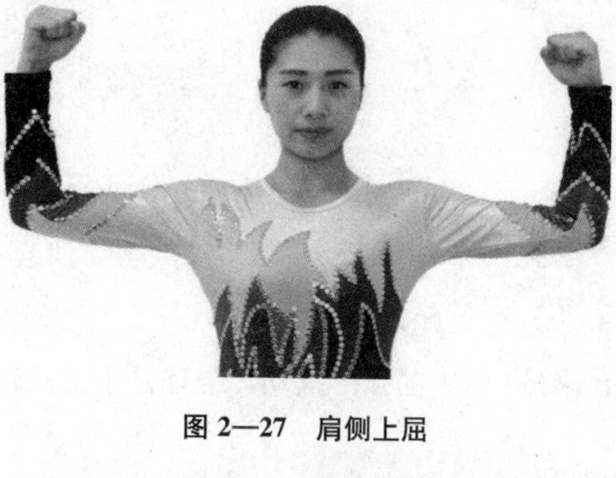

图 2—27　肩侧上屈

图 2—28　肩侧下屈

图 2—29　腰侧屈

图 2—30　头后屈

图 2—31　背后屈

3. 绕和绕环

动作描述：绕是指臂的活动范围在 180°以上，360°以内的弧形摆动，绕环是指活动范围等于或大于 360°以上的弧形动作。

注意要点：路线清晰，起始和结束动作位置明确。

动作变化：两臂或单臂向内、外、前、后绕或绕环，如图 2—32 所示至图 2—35 所示。

图 2—32　向内绕环

图 2—33　向外绕环

图 2—34　向前绕环

图 2—35　向后绕环

第三节　特殊儿童韵律体操的躯干及下肢动作

一、特殊儿童韵律体操躯干动作

特殊儿童韵律体操躯干动作能够增强特殊儿童胸部、腹部、背部及腰部的肌肉力量，发展脊柱弹性，提高腰椎关节的灵活性。

（一）胸部动作

胸部动作包括：含胸、展胸、挿胸、移胸、振胸。

1. 含胸、展胸

动作描述：含胸时，低头收腹、收肩、呼气；展胸时，抬头挺胸、展肩、吸气。

注意要点：含胸时身体放松但不松懈，展胸时身体紧张但不僵硬。

动作变化：结合手臂动作含、展胸，如手臂侧屈含胸（如图 2—36 所示），手臂侧屈展胸（如图 2—37 所示）。

图 2—36　手臂侧屈含胸

图 2—37　手臂侧屈展胸

2. 移胸、振胸

动作描述：移胸，髋部位置固定，腰腹随胸部左右移动（如图 2—38 所示）；振胸，胸部向一个方向有节奏的摆动（如图 2—39 所示）。

注意要点：移胸时腰腹带动胸部移动；振胸时有弹性、有节奏。

动作变化：提肩移胸，手臂侧平举移胸，举臂振胸。

图 2—38　移胸

图 2—39　振胸

（二）腰部动作

腰部动作包括屈、转、绕和绕环、波浪。

1. 屈

动作描述：腰部向前或向侧做拉伸运动。

注意要点：充分伸展，运动速度不宜过快。

动作变化：体前屈（图 2—40）、体侧屈（图 2—41）及体后屈（图 2—42）。

图 2—40　体前屈

图 2—41　体侧屈

图 2—42　体后屈

2. 转

动作描述：腰部带动身体沿垂直轴左右转动（图 2—43）。

注意要点：身体保持紧张，腰部灵活转动。

动作变化：与上下肢动作相结合协调转动，如迈步移重心与转腰结合运动。

3. 绕和绕环

动作描述：以腰椎关节为轴，腰部向左或向右做回环或圆周运动（图 2—44）。

注意要点：路线清晰、动作圆滑。

动作变化：与手臂动作相结合进行腰部绕和绕环。

图 2—43　转腰

图 2—44　腰绕环

4. 波浪

动作描述：两腿开立，从头开始，颈、胸、腰、髋各关节依次向侧屈伸，像钻过绳索一样形成连贯波浪（图 2—45）。

注意要点：各部位必须有顺序的依次屈伸，动作要求清晰连贯，自然过渡。

动作变化：手臂配合身体做腰部波浪。

图 2—45　身体波浪

（三）髋部动作

髋部动作包括：顶髋、提髋、摆髋、髋绕和绕环。

1. 顶髋

动作描述：两腿开立，一腿支撑并伸直，另一腿屈膝内扣，上体保持正直，用力将髋顶出（图 2—46）。

注意要点：用力且有节奏感。

动作变化：体前交叉顶髋、两臂侧平举顶髋、双手叉腰顶髋。

2. 提髋

动作描述：髋向上做提翻的动作（图 2—47）。

图 2—46　顶髋

图 2—47　提髋

注意要点：髋与腿部协调向上。

动作变化：手臂与髋部配合协调运动。

3. 摆髋

动作描述：两腿微屈并拢，髋部向左右摆动，腰部要协调配合髋部动作（图 2—48）。

注意要点：髋部带动腰部协调摆动。

动作变化：两臂侧平举随髋摆动，两臂上举随髋摆动等。

4. 绕和绕环

动作描述：髋部做弧线或圆周运动（图 2—49）。

注意要点：运动轨迹圆滑。

动作变化：两臂上举髋部绕环，两臂前举髋部绕环。

图 2—48 摆髋

图 2—49 髋部绕环

二、特殊儿童韵律体操下肢动作

（一）无冲击类动作

1. 半蹲（squat）

动作描述：两腿平行左右分开站立，与肩同宽或略比肩宽，脚尖稍外开，两腿下蹲，大小腿夹角约为 90°，身体略前倾（图 2—50 及图 2—51）。

注意要点：身体重心放在两腿之间，屈膝时膝关节朝着脚尖的方向，同时膝关节不能超过脚尖，下蹲时身体前倾。

动作变化：并腿半蹲、迈步半蹲、迈步转体半蹲。

图 2—50　并腿半蹲

图 2—51　分腿/迈腿半蹲

2. 弓步（lunge）

动作描述：

动作一：两腿前后开立，两脚距离与髋同宽，脚尖朝前，两腿同时屈伸。

动作二：一腿屈膝，另一腿伸直（图 2—52）。

注意要点：身体重心在两腿之间，前腿膝关节弯曲不能超过 90°，膝关节不能超过脚尖。

动作变化：原地前后弓、原地左右弓步、转体弓步。

图 2—52　弓步

（二）低冲击类动作

低冲击动作是指在做动作时一脚着地，另一脚离地的动作。低冲击动作是在目前健身性韵律体操编排中运用最多的动作类型。

1. 踏步（march）

动作描述：两腿依次抬起，依次落地（图 2—53）。

注意要点：下落时，注意膝、踝关节有弹性的缓冲。

动作变化：踏步转体、踏步分腿、踏步并腿、弹动踏步。

第一拍及第三拍　　第二拍及第四拍

图 2—53　踏步（march）

2. 走步（walk）

动作描述：左右交替迈步移动。向前走时，脚跟先落地，过渡到全脚掌，向后走时则相反（图 2—54）。

注意要点：落地时，注意膝、踝关节有弹性的缓冲，上体可以有节奏地协调摆动。

动作变化：向前向后走步、向侧前和侧后走步、向左右转体或弧线走步。

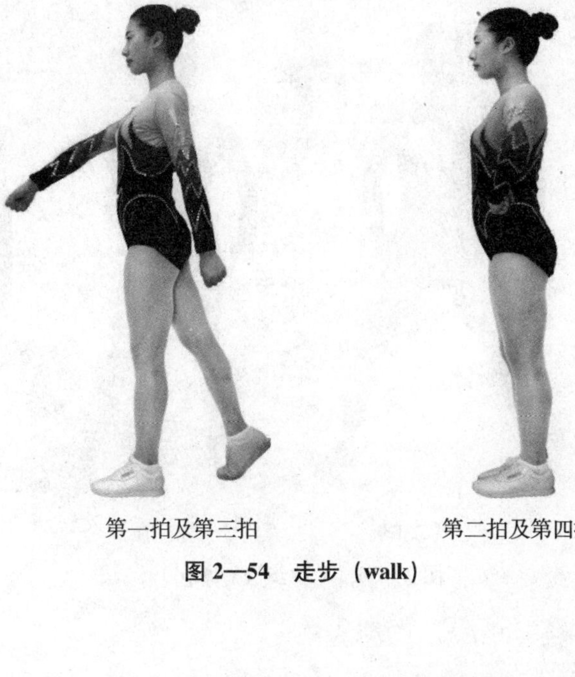

第一拍及第三拍　　第二拍及第四拍

图 2—54　走步（walk）

3. 一字步（easy walk）

动作描述：以左脚起步为例。左脚向正前方迈一步，右脚并向左脚，然后左（右）脚向后一步，右（左）脚并向左脚（图 2—55）。

注意要点：偶数拍都有并步，落地时注意膝、踝关节有弹性的缓冲。

动作变化：向前向后的一字步、转体的一字步。

第一拍　第二拍　第三拍　第四拍

图 2—55　一字步（easy walk）

4. V 字步（V-step）

动作描述：以左脚起步为例。左脚向左前方迈步，右脚随之向右前方迈步，两脚开立，形成 V 字形轨迹，然后左右脚依次还原（图 2—56）。

注意要点：开立时两脚距离大于肩宽，重心在两腿之间，屈膝时膝关节朝着脚尖方向。

动作变化：倒 V 字步、转体 V 字步、跳的 V 字步。

第一拍　第二拍　第三拍　第四拍

图 2—56　V 字步（V-step）

5. 漫步（mambo）

动作描述：以左脚起步为例。左脚向前迈步，同时重心随之前移至左脚，接着右脚稍抬起，然后落回原地，重心随之后移至右脚；左脚随之再向右脚之后，同时重心随之后移至左脚，接着右脚再稍抬起，然后落回原地，重心随之前移至右脚（图 2—57）。

注意要点：重心前后移动，动作有弹性。

动作的变化：转体的漫步，跳的漫步。

第一拍　　第二拍　　第三拍　　第四拍

图 2—57　漫步（mambo）

6. 屈腿（leg curl）

动作描述：以左脚为例。左脚向侧迈一步，同时膝盖微屈，重心移至左脚上，随后右脚抬离地面，屈膝，然后再做反方向动作（图 2—58）。

注意要点：屈膝时膝关节朝着脚尖方向，主力腿始终保持有弹性的屈伸，后屈腿脚跟朝着臀部，脚尖绷直。

动作变化：原地后屈腿、前后移动后屈腿、转体后屈腿。

第一拍　　第二拍　　第三拍　　第四拍

图 2—58　屈腿（leg curl）

7. 并步（step touch）

动作描述：以左脚起步为例。左脚向侧迈步，同时重心左移，右腿并向左腿，两腿屈膝向下，然后再做反方向动作（图 2—59）。

注意要点：膝、踝关节有弹动的缓冲，重心平稳过渡。

动作变化：左右并步、前后并步、向两侧并步、转体并步。

第一拍　　第二拍　　第三拍　　第四拍

图 2—59　并步（step touch）

8. 迈步移重心（step tap）

动作描述：以左脚起步为例。左脚向左侧迈出一步，落地时双腿屈膝，随之重心下降并移至左腿，然后重心上移，膝盖伸直，右脚点地，然后再做反方向的动作（图 2—60）。

注意动作：下蹲屈膝时膝关节朝着脚尖方向，重心上下、左右移动明显。

动作变化：左右移重心、前后移重心、转体移重心。

第一拍　　第二拍　　第三拍　　第四拍

图 2—60　迈步移重心（step tap）

9. 交叉步（grape vine）

动作描述：以左脚起步为例。左脚向左侧迈步，同时重心左移，接着右脚交叉于左脚之后，然后左脚再向侧移动，重心再向左移，最后右脚并于左脚（图 2—61）。

注意要点：重心要及时移动，膝、踝关节有弹动的缓冲。

动作变化：左右交叉步、转体交叉步。

图 2—61　交叉步（grape vine）

10. 吸腿（knee up）

动作描述：一腿屈膝抬起，另一腿屈膝弹动缓冲（图 2—62）。

注意要点：上体保持正直，大腿抬起与地面平行，小腿自然下垂，绷脚尖。

动作变化：向前吸腿、向侧吸腿、向侧前吸腿、转体吸腿、迈步吸腿、上步吸腿。

图 2—62　吸腿（knee up）

11. 摆腿（leg lift）

动作描述：一腿站立，另一腿自然摆动，然后还原成并步（图 2—63）。

注意要点：保持上体正直，主力腿屈膝缓冲，摆动腿抬起时幅度不要过大且要有控制。

动作变化：向前摆腿、向侧摆腿。

第一拍及第三拍

第二拍及第四拍

图 2—63　摆腿（leg lift）

12. 踢腿（kick）

动作描述：一腿站立，另一腿加速向上摆动（图 2—64）。

注意要点：保持上体正直，主力腿脚跟着地，膝关节微屈缓冲。踢腿的幅度因人而异，避免受伤。

动作变化：向前踢、向侧踢、向后踢、移动中踢腿。

图 2—64　踢腿（kick）

（三）高冲击类动作

高冲击动作是指在做动作时，双脚都离地的动作，即平常所说的跳类动作。

1. 跑（jog）

动作描述：两脚依次经过腾空后，一脚落地缓冲，另一腿小腿后屈，双臂配合下肢前后摆动（图 2—65）。

注意要点：膝、踝关节有弹动的缓冲，落地时由前脚掌过渡到全脚掌。

动作变化：原地跑、向前跑、向后跑、弧线跑、转体跑。

第一拍及第三拍

第二拍及第四拍

图 2—65　跑（jog）

2. 双脚跳（jump）

动作描述：双脚并拢有弹性地向上跳起，双臂随身体协调摆动（图 2—66）。

注意要点：腾空时双脚并拢，膝盖伸直，落地时屈膝缓冲，由前脚掌过渡到全脚掌。

动作变化：原地并腿跳、向前并腿跳、左右并腿跳、转体并腿跳。

第一拍及第三拍

第二拍及第四拍

图 2—66　双脚跳（jump）

3. 开合跳（jumping jack）

动作描述：并腿向上跳起，左右分腿姿势落地，接着再向上跳起，并腿落地（图 2—67）。

注意要点：落地时，膝关节有弹性的缓冲，分腿落地时屈膝且朝着脚尖方向。

动作变化：原地开合跳，转体开合跳。

第一拍及第三拍　　第二拍及第四拍

图 2—67　开合跳（jumping jack）

4. 并步跳（step jump）

动作描述：以左脚起步为例。左脚迈出，随之蹬地跳起，右脚并左脚，并腿落地（图 2—68）。

注意要点：身体重心随身体迅速移动，落地时注意缓冲。

动作变化：向前并步跳、向后并步跳、向侧并步跳。

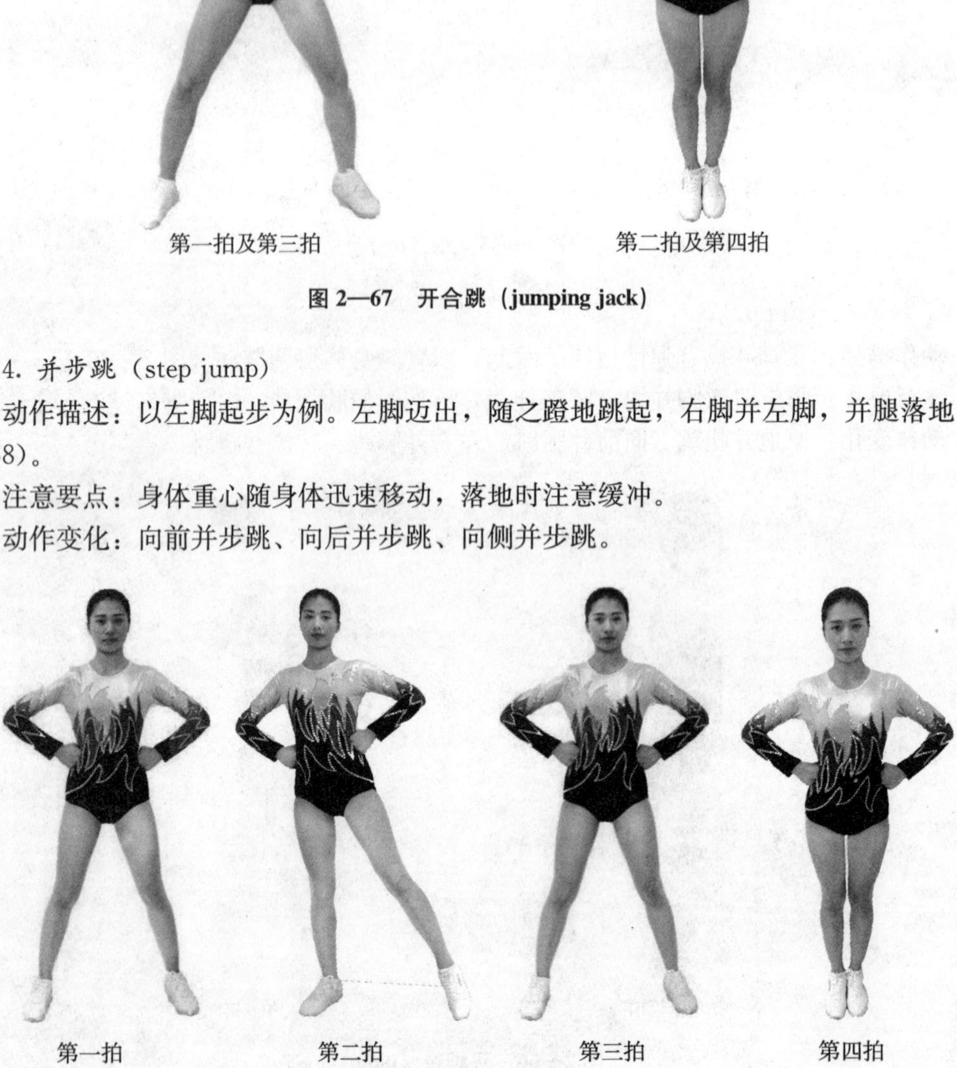

第一拍　　第二拍　　第三拍　　第四拍

图 2—68　并步跳（step jump）

5. 单脚跳（hop）

动作描述：一脚跳跃时，另一脚离地（图 2—69）。

注意要点：跳跃落地时注意屈膝弹动。

动作变化：原地单脚跳、移动单脚跳、转体单脚跳。

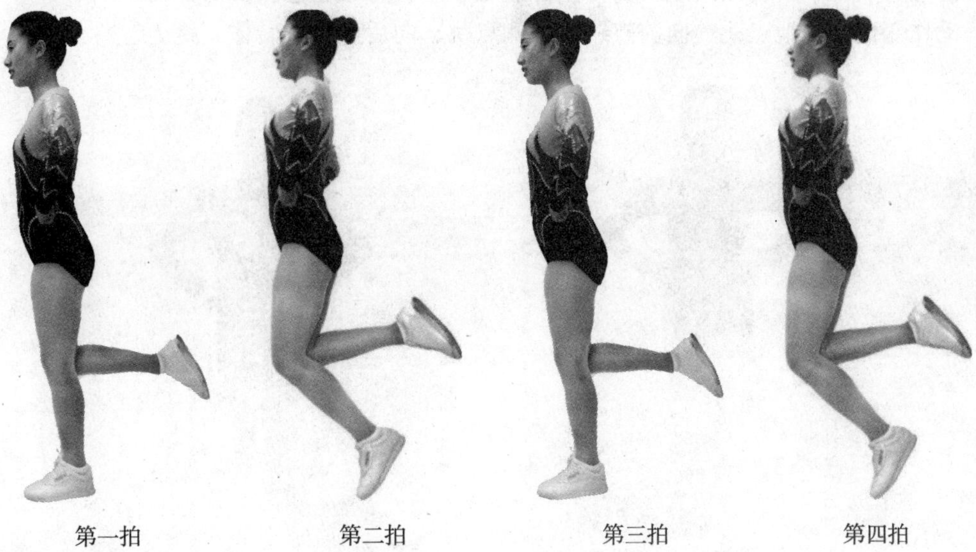

图 2—69　单脚跳（hop）

6. 弹踢腿跳（flick）

动作描述：双腿起跳，单腿落地，另一腿小腿后撩，然后小腿前踢伸直（图 2—70）。
注意要点：无双脚落地的过程，弹踢腿脚尖伸直。
动作变化：向前弹踢腿跳、向侧弹踢腿、转体弹踢腿跳、移动弹踢腿跳。

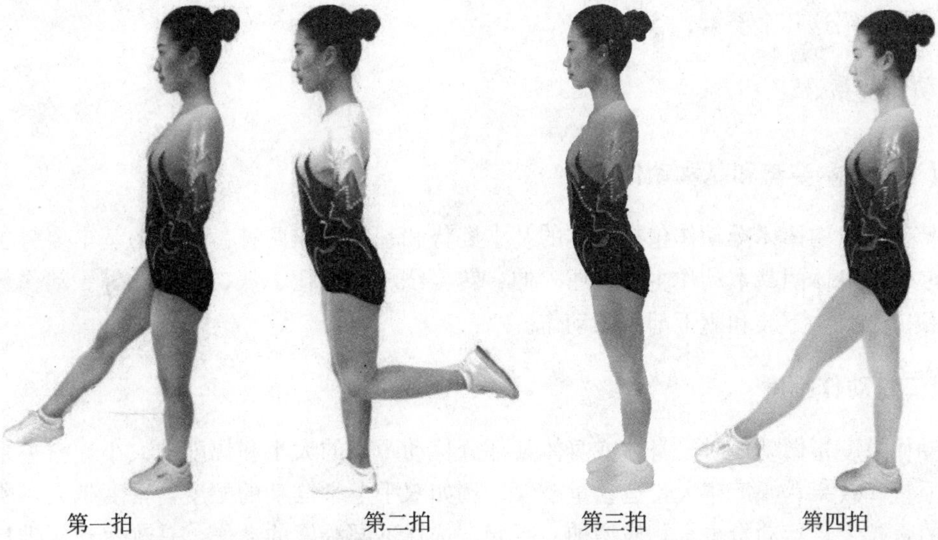

图 2—70　弹踢腿跳（flick）

7. 点跳（pony）

动作描述：以左脚起步为例。右脚蹬地跳起，同时左脚向侧迈步落地，随之右脚并左脚点地，随后反方向做一次，动作相同，方向相反（图 2—71）。

注意要点：两脚轻松蹬地，身体重心随之平稳移动，注意膝踝的弹动。

动作变化：原地点跳、向前点跳、向侧点跳、向后点跳、转体点跳。

第一拍及第三拍

第二拍及第四拍

图 2—71　点跳（pony）

第四节　特殊儿童韵律体操的动作编排要素

特殊儿童韵律体操的动作编排要素分为动作要素、空间要素、音乐要素、时间要素，下面简单介绍这几个要素。

一、动作要素

（一）基本姿势和基本动作

特殊儿童韵律体操动作包括身体的基本姿势和基本动作两种。身体的基本姿势主要是站立姿势；身体的基本动作主要有屈、伸、转、绕、举、摆、振、踢、跳等。动作部位包括头颈、上肢、下肢和躯干部位的动作。

（二）动作幅度

动作幅度指做动作时，身体或身体某部分移动距离的大小和幅度的大小，它关系到动作的质量和效果，幅度越大，运动量越大。例如双手上举摆动的幅度，幅度越大，所需的肌肉力量越大，运动量也会相应增加，因此，选择不同幅度的动作，是改变动作难易程度和调节运动量的有效方式之一。

（三）动作频率

指单位时间内动作重复的次数，利用动作频率来增加或减小运动量。动作频率的变化可以改变肌肉工作的强度。如两臂的绕环，两拍绕一周或两周，后者的频率要快于前者，肌肉的负担量后者重于前者。因此改变动作总频率是调节运动负荷强度的方法之一。

（四）动作速度

动作速度指单位时间内身体或身体某部分移动的距离，速度快慢也关系到运动量的大小和肌肉负担量的大小，如用一拍的时间做两臂的上举或前举，上举的距离长，速度快，那么肌肉工作力量大，负荷强度就高。因此，改变动作速度也可以用来调节运动负荷的大小。

二、空间要素

特殊儿童韵律体操的空间要素主要表现在动作方向和路线上，动作方向是指动作经过一定的路线后所要达到的目标，成套动作中的单个动作必须用不同的方向路线将它们贯穿起来，表现为左右变化、前后移动、高低起伏，这样才能赋予这套操以生命，使其更加生动、活泼、富有魅力。动作方向的变化主要分为上、下、左、右、前、后六个基本方向，以及前上、前下、左前、右前、左后、右后、后上、后下、左上、左下、右上、右下等十二个中间方向。

动作路线是指做动作时，身体或身体某部分运动轨迹的连线，动作路线的改变，可以有效地培养练习者的协调能力。例如两臂前举，经上绕环一周至上举的路线比较复杂，动作新颖，能够吸引练习者注意力，引发锻炼的积极性，提高身体各部位的协调能力。

三、音乐要素

音乐是通过有组织的乐音在时间上的流动来传达思想感情，表现生活感受的一种表现性时间艺术；而韵律体操属于视觉艺术，它以时间和空间为生存方式，以人体自身的韵律动作进行，并按一定的节奏在时间、空间中展开。音乐是韵律体操的灵魂，所以在创编一套动作时，离不开音乐这个要素。编排必须符合该套操所选择音乐的节奏和情绪，因为音乐不仅仅只是起到一种音响效果和节拍层次分明的作用，它表达了一定的思想情绪和意境，能引起人思想上的共鸣。

四、时间要素

时间与空间一样，都是运动着的物质的存在形式。在韵律体操中具体表现在动作强弱和快慢周期的交替上，以及单个动作、成套动作持续的时间。对于特殊儿童韵律体操来说，成套动作对于时间的选择比较灵活，可长可短，取决于儿童自身状况、内容的多少、难易程度、选择的音乐长短及任务需要等。

第三章　特殊儿童韵律体操教学与组织

第一节　特殊儿童韵律体操的教学

一、特殊儿童韵律体操的教学原则及注意事项

单从外形来看，特殊儿童与健全儿童之间的差别，虽然不像心理差异那样明显，但是在身高、体型、体重、智力（滞后或超前）、骨骼等方面的形成会与健全儿童有一定差别，一般来说这些指标的发展速度较慢，成熟也较晚，相差程度随着缺陷深度而扩展。如果经过特殊训练与康复，多数特殊儿童是可以接近健全儿童的，甚至有些指标可能会超过健全儿童。体育教育就是这种特殊训练的一种，有助于减少特殊与健全儿童之间的身心差距，但是如何对具有不同特殊性的儿童进行体育训练需要讲究科学的原则，只有这样才能最大限度地减少差距，利于特殊儿童群体的身心健康，从而达到目标。

韵律体操是体育训练中的一种运动方式，在这里以其为特例进行运动原则方面的概述。由于特殊儿童的类型和程度不同，参加体育活动的内容和方法就必然存在一定的差异，因此，对特殊儿童进行体育教学时，除遵循一般的体育教学原则外，还必须遵循一些特殊原则。归结起来主要有以下几方面原则。

（一）个别化原则

在韵律体操教学过程中注意采用个别化原则，要深入细致地了解每一个儿童，根据不同年龄阶段针对每个儿童身心发展的实际水平和所要达到的目标，以实际生活经验为中心，采用不同的教学方法，设计不同的课程内容，进行不同的体育教学模式，为最终的身心改变奠定基础。

（二）循序渐进原则

首先从简单易行的动作做起，不追求复杂的动作技能，多给可以使特殊儿童获得成功和完成动作的机会，要让他们感受到运动带来的愉悦和幸福。要克服急躁情绪，一次课不

能教授很多内容，要给予充分的时间让他们掌握基本动作。

（三）全面发展原则

培养特殊儿童能够基本适应特殊韵律动作练习。通过参加韵律体操的学习培养他们的团队意识、合作意识和基本的社会适应能力。在这其中注意改善他们的身体姿态、身体结构，培养节奏感及自身运动调节能力，这些对于平衡特殊儿童各项能力均具有重要作用。

（四）形象的原则

对于那些有智力障碍的儿童进行韵律体操指导时必须使用形象化的教具，如实物、投影、电视等，帮助学生加深对动作的感受和理解，帮助学生集中注意力、提高学生学习的兴趣和积极性，促进运动表象的形成。在教学时注意认真选择形象化的教具，注意形象与语言的密切结合，使得特殊儿童在练习时将两个信号系统结合起来。

（五）补偿性原则

有计划、有系统地补偿儿童的身心缺陷，促进其康复和适应社会生活。贯彻补偿性原则需要注意：对儿童的身心缺陷要有全面性的了解，并在此基础上制定适合每个孩子特点的补偿和校正方案；要针对特殊儿童不同的身心特点，通过韵律体操的练习，改善和提高儿童的力量、柔韧、耐力、灵敏等素质，要尽量用健全器官来代替受损器官的组织功能，充分地发挥儿童内在的潜能，增加特殊儿童的适应能力；补偿和校正工作要贯穿于智力落后教育的始终，要有长期作战的思想准备，防止急躁情绪的产生。

（六）直观性原则

在韵律体操教学的过程中根据儿童的发展水平，采取各种直观的手段丰富他们的表象。教授的方法应多采用形象手法，对于语言沟通能力很低的儿童来说，形象的手法是一个直观有效的方法，并要注意方法，以矫正第一、二信号系统脱节现象。对智障儿童来说，使用较强的视觉及听觉刺激会得到很好的效果。

（七）充分练习原则

在特殊儿童动作技能形成泛化、分化阶段时要注意细心指导，反复练习，从而使其所学习的技能达到熟练和运用自如的程度。因此教师在教学过程中，要尽量引导儿童对教学内容进行清晰的感知和深刻的理解，有针对性地加强理解性指导；采用合作式的具有游戏性的韵律动作提高他们的兴趣，增强记忆效果，练习的次数要适合，每次的时间也不易太长，避免儿童产生厌倦情绪和疲劳感；要设法为儿童提供运动技术，展示自我的机会和空间。

（八）成功性原则

相对于健全儿童，特殊儿童在其一生中，会承受许多次失败的经历。所以在韵律体操教学过程中首先要让儿童感受挫折，让他们提升对失败的忍受力，然后再鼓励他们树立能够成功的信心。为儿童提供尽可能多的成功机会和体验，增强学习的信心和敢于尝试的勇气，善于发现每一个孩子的闪光点，及时进行强化，即使是微小的、常人看来是微不足道的进步，都应该及时地给予鼓励和强化。

（九）趣味性原则

在对特殊儿童进行韵律体操的指导时，还要注意使儿童始终在欢乐和愉悦的情绪中自我要求，在自我练习反馈中体验获得成功的内心愉悦，提高学习的积极性和主动性，使他们通过努力能够获得成功，使其认识到自身的价值和尊严。对他们取得的成功和进步要及时给予表扬和鼓励，切忌过多地批评和惩罚学生。

（十）情景性原则

采取多种教学手段，运用一切可能的教学条件，积极创造韵律体操教学所需要的情景，并引导儿童参与其中，在情景中获得大量生动、形象的具体表象，在特定气氛的感染下收到最好的教学指导效果。

（十一）安全锻炼原则

特殊儿童参加韵律体操的锻炼的目的之一是促进身体康复，进一步提高身体健康水平，如果不注意锻炼过程的安全问题，不仅不会达到上述目的，反而会造成新的运动创伤和疾病。因此，要保障进行体育教学和开展游戏的场地设施是安全的，并加强运动中对儿童的安全保护和医务监督，避免伤害事故的发生。

二、特殊儿童韵律体操的组织方法

（一）体育教学组织概念

体育教学组织是指在体育教学过程中，为提高教学效果而采取的一系列组织形式的总称，即在体育教学过程中，教师和学生围绕既定的教学内容，在一定时空环境中相互作用的方式、结果与程序。它主要包含了体育教学活动中教师与学生的组合形式、教学活动的组织程序及结构形式等方面。为了达到体育教学目标，怎样把一定的教学内容教给学生，怎样组织好教师和学生，怎样有效地利用教学时间和空间，怎样发挥教学设备的作用等，这些都是教学组织要解决的问题。

韵律体操是体育教学组织的形式之一，所以了解体育教学有利于正确组织对特殊儿童韵律体操的教学。特殊儿童虽然与健全儿童在生理、心理或者智力上有很大差别，但是一般的教学组织形式也可以迁移使用，经过反复尝试，从中得到启发、创新，才能更好地对特殊儿童进行韵律体操教学。

（二）儿童体育教学组织方法

在体育教学过程中，教师、学生、教学内容三者往往相互作用，使教学过程成为了一个复杂的动态过程。在这一过程中，为达到教师的“教”和学生的“学”的和谐，处于主导地位的教师，需要选择一定的教学组织形式，才能顺利地实施教学，实现体育课的教学目标。然而，教无定法，任何教学方法和组织形式都是根据一定的教学内容和教学对象而变化的。因此，组织教学合理而周密是上好体育实践课的关键。韵律体操属于体育实践课的一种，对于特殊儿童来说更应该处理好三者之间的关系，显得尤为重要。

根据体育实践课的固有特点和特殊儿童的特殊性，组织方法如下。

1. 根据体育实践课的基本特点组织教学

由于韵律体操课大都在室外或者有条件的可以在体操房里进行，那么组织教学的目的就是要排除各种干扰，激发儿童的学习兴趣，帮助儿童在心理和身体上做好充分准备，从而保质保量地完成教学任务。教学中，充分发挥儿童学习的主观能动性，在调动他们积极地参与身体练习的同时，启发他们的思维，进而帮助他们掌握体育知识、技能和技巧。

(1) 抓好体育课堂常规的组织教学。

体育课堂常规是规范体育课的必要条件，也是实施教学、完成教学任务的基础。教师必须严格认真、坚持不懈地抓好体育课堂常规教育，努力形成纪律严明、精神振奋、团结活泼、积极上进的学习风气。要形成良好的课堂常规，一是要让学生明确体育课的学习目的，让学生明确体育锻炼的特点和存在的某些危险因素，使课堂常规内化为学生的自律需要。二是要严格要求、坚持不懈。根据小学生行为习惯养成的规律，反复强化。三是要把常规教育渗透在课堂教学的各个环节中，要改变纪律要求前紧后松的现象，努力使常规要求变成学生的自觉行动。

(2) 抓好体育课各阶段的组织教学。

体育实践课一般由准备（开始）部分、基本部分、结束部分三个环节组成的，由于各环节的教学任务不同，教学中教师既要紧扣教学目的需要，又要抓住儿童学习情绪的变化，充分调动儿童的学习积极性，灵活地组织教学。

①课前准备要充分。

如果把上课看作是一场表演，那么操场就是舞台，舞台怎么布置，需要什么道具，具体怎样演等一系列问题都必须在演出前做好充分准备。课前准备就是要求体育教师从新颖、实用的角度出发，精心布置好本节课的场地，备足配齐各类活动器具，设计好各个教学环节的前后过渡方法，以及场地转换的行进路线等，确保整个教学过程能顺利完成。充分的课前准备既能使教师在课堂上胸有成竹、指挥若定，又能有效地激发儿童的学习兴趣，为高质量地完成教学任务打下基础。

②准备部分要新颖。

从教室到操场，学习空间的变化会使儿童的学习心理产生变化：其一，他们刚从教室的狭小空间来到广阔的操场上，情绪相当高涨；其二，儿童天性爱玩，对体育课往往抱有玩一玩、做游戏的想法；其三，室外活动不同于室内，儿童的注意力极易受到周围环境干扰等。如此种种学习心理因素，对体育课堂教学既有消极的一面也有积极的一面。因此准备活动特别重要，教师应该改变过去传统的教学形式，力求准备活动新颖多变，可采用趣味练习小游戏激发学生的学习兴趣。总之，教师要从儿童的年龄特征和心理特点出发，抓好开端，把准备活动组织得引人入胜，充分调动儿童的心理和生理状态，使儿童马上适应到体育教学的要求中来，进而使他们乐意听从教师指挥，轻松地进入到下一环节的学习中去。

③基本部分要活泼。

基本部分往往安排了一节课的新授内容。与其他学科不同的是，儿童对体育基础知识和基本技能技术是在不断地运动中掌握的，因此基本部分组织教学，教师应力求做到精讲多练，多提供儿童自由练习的时间，让他们在独立自主的学习中掌握新授内容，提高学习能力。除此之外，教学的形式也要活泼，要根据学生的学习心理、教材内容、教学要求不断改变练习方法，通过举行比赛、组织游戏等，激发学生的学习兴趣。

④结束部分要轻松。

经过近四十分钟的紧张练习，儿童会产生疲劳感，因此结束部分宜组织一些轻松的活动，如舞蹈、放松操等，帮助儿童调节情绪和恢复体力。放松活动应不失趣味性，在轻松愉悦的情境中让儿童保持一种意犹未尽的感觉，从内心上激发他们喜爱体育课的情感，为下一次教学留下伏笔。

2. 根据教材特点组织教学

（1）挖掘教材趣味性。

趣味性、娱乐性是体育课的一大特点，教师要充分挖掘教材的趣味性因素，激发儿童的学习兴趣。

（2）同一教材不同组织。

体育技术的形成是循序渐进的，为保证儿童掌握技术的全面性、正确性，同一内容往往会在不同课次出现，而且重复练习的目的、难度、要求是不一致的。儿童喜欢尝试新鲜事物，相同的内容重复出现势必会降低他们学习的兴奋度。

（3）不同教材合理搭配。

不同的教材内容有其不同的特性和不同的学习价值。一堂课上教材内容不可过多亦不能过于单一，要从儿童能力形成的特点、促进健康生长发育等角度考虑，教材的搭配一般要做到动静结合，上下肢协调锻炼兼顾，柔韧与力量同步发展，体质与能力共同提高等要求。

3. 根据儿童生理和心理特征组织教学

（1）合理安排教学内容。

心理学研究发现，儿童注意力在课的前半部达到高峰，意志力在课的中后部达到高峰，情绪则在课的后半部达到高峰。根据这一心理特征，教学中宜将新授知识或技术性强的复习内容安排在课的前半部分，利用注意力相对集中的时机提高学习效率；耐力性、对抗性练习内容宜安排在课的中后部，以锻炼儿童的意志力；课的后半部分则可安排一些竞争性强的练习，既能满足儿童的生理需求，又能满足他们的心理需要，还有利于对儿童进行有效的思想品德教育。

（2）灵活选择教学方法。

儿童具有“好奇、好动、好胜”等心理和行为特点，因此教学中教学手段要多样，教学形式要“新、奇、活”，多组织游戏和比赛，教学方法要创新，要敢于打破旧有教学组织形式，以增强教学的吸引力。如课堂中进行队伍调动，如果传统的方法过于机械、死板，教师可以在调动队伍时配以节奏感强的摇滚乐，或者把调动过程编成游戏或舞蹈等，既会使儿童感到新奇，又会使教学活泼而不混乱，提高教学效果。

（3）发挥肢体语言的作用。

肢体语言是无声的语言，在教学过程中具有其他组织方法不可替代的作用。首先教师要以身作则，身教重于言教，教师课堂上的精神面貌对学生是无声的教育和无言的要求。其次要充分发挥“手势、眼神、口哨”等的作用，合理运用手势指挥、眼神暗示、口哨声音集中儿童的注意力，调整儿童的情绪，激发儿童的学习兴趣。特别是对聋童教授韵律体操时，打手语就是传达信息的主要方式之一，手语配合肢体语言，可以让聋童迅速掌握教师想传达的授课内容。在用好肢体语言的同时，教师还要结合教学语言的运用，对儿童多表扬、多鼓励，以激发儿童的自信心，努力提高教学质量。

总之，各种教学方法都有各自的特点和功能，但它们是彼此有机联系的，韵律体操教师要熟悉各种教学方法，才能灵活运用，并得心应手。韵律体操教学实践也证明，无论是新授课还是复习课，都不是用单一的教学方法就能完成教学任务的，应根据韵律体操课的任务需要，灵活地、相辅相成地运用各种方法，使每一种方法的运用都成为整个教学过程有机的一环，充分发挥各种教学方法的效能，这样才能很好地达到韵律体操教学目标。

第二节　特殊儿童的类型与体育教育

一、特殊儿童的类型

特殊儿童是指在生理上、心理上和智能上异于健全儿童，具有特殊需要的儿童，主要包括智力残疾、听力残疾、视力残疾、肢体残疾、言语障碍、情绪和行为障碍、多重残疾等类型，具体表现和鉴别指标在本书后面的分类韵律体操中会详细说明。

二、特殊儿童的体育教育

体育教育（Physical Education）：即狭义的体育，俗称“小体育”。它是教育的组成部分，是通过身体活动和其他一些辅助性手段进行的有目的、有计划、有组织的教育过程。体育教育本身是一个完整的体系，分为普通体育教育和专门体育教育两大类。其基本特征是突出的教育性和教学性。体育教育以教学为主要途径，以课堂教学或专门性辅导为主要形式，以身体练习和卫生保健为主要手段。而特殊群体的体育教育是一般体育教育的一个分支，它的教学方法与原则应该符合一般体育教育的模式。同时，特殊体育教育应充分考虑其群体者的身心特点，既要注意发展其正常器官的代偿能力，又要尽力弥补其先天不足，体育教育活动的类型应具有选择性，体育教育的进度可适当的放慢。对于特殊群体中的儿童，在生活教育和体育教育过程中，教育者应具有较强的耐心、热心和恒心，要及时安抚他们常常出现的不良情绪，帮助他们正确对待自己和同伴，对他们取得的点滴进步，都要及时地进行赞扬和鼓励。下面针对几个具有代表性的特殊儿童类型的体育教育进行解释，希望能给予阅读者一定的启发。

（一）聋童

聋童可以借助助听器着重进行各种听力训练，逐步进行发音、说话、看读写的学习，增进言语能力的发展。在体育教育过程中，可注重聋童视觉和精细动作能力（手和手指类型的动作练习）的发展。由于聋童不善交往，故应为他们创造交往条件，通过团体体育活动增强他们之间的互动和交流。总体来讲，对聋童进行体育教育可以从这几个方面考虑。

①趣味性：活泼、有趣、种类繁多的体育活动最能够满足儿童好动、好奇和追求新异刺激的心理特点；②集体性：模仿和交流是聋童参与体育活动的主要学习方式，体育教师在体育教学中应着重贯彻集体主义教育；③知识性：通过体育活动，教师可以向学生传授一定的体育基础知识和基本技能；④教育性：通过体育活动，让聋童感受挫折和成功，达到培养儿童健康的心理（许多聋童由于生理的原因，存在心理缺陷），塑造聋童完整的人格；⑤竞争性：竞争性是体育教育的鲜明特点，通过参与体育活动，培养儿童的竞争意识、进取精神，建立健康的人生态度。

（二）盲童

体育教育对盲童身心发展有特别重要的意义，主要体现在发展身体、矫正行为、调节情绪、促进学习和社会交往五个方面。首先，盲童在进行体育活动之前，由于缺乏视觉形象，认知范围受到极大限制，所以，应通过盲文字学习，强化准备教授的体育项目的概念，并加强与实物的联系。其次，要使盲童尽快熟习体育活动的环境，提高体育技能，活动中鼓励盲童进行言语交流，发展思维能力。最后，通过体育教育，尽快发展盲童听觉、方位知觉、触觉、嗅觉等方面的代偿能力，通过体育、音乐、律动、身体活动增进听觉的发展，通过体育活动提高盲童的动作协调能力。

（三）智障儿童

智障儿童的表象能力差，记忆缺乏目的性、速度缓慢、容量小、难以保持、再现困难。

他们的动作发育大多比健全儿童滞后，具体表现为：动作笨拙、精细程度低、协调性差。所以，在体育活动时，要考虑他们的动作特点，练习项目中的动作类型由易到难、运动器官由少到多。有的智障儿童可能存在能量代谢水平低或意志薄弱的问题，虽经过很长时间的练习都没有取得明显的成效甚至无效，有时候甚至难以组织简单的体育练习活动，这就需要教师系统学习相关专业知识，全面、深入理解智障儿童心理、行为特点及生长发育规律，掌握必要的教育教学技术、行为干预及支持技术和儿童康复训练技术。

（四）自闭症儿童

自闭症儿童一般发生在 3 岁之前，他们社会交往能力差，出现重复性活动和刻板动作、反对环境变化或者日常生活秩序的改变，对感觉经验有异常的反应。对自闭症儿童进行体育教育难度较大，需要进行不断尝试与探索，寻找他们能够认同和接受的方式。最好的运动首先是他最喜欢和擅长的那种运动项目，由于绝大多数的自闭症儿童在社会交际和沟通方面都存在着诸多障碍，有的还可能有粗大动作协调方面的困难，所以他们的运动一般是由个体开始的，例如游泳、自行车，不仅仅是一个锻炼或娱乐方式，也是一个求生和生活技能。经过一段时间练习后，再慢慢尝试让他们加入到一些群体中去，团体运动有助于提高自闭症儿童行为能力和社会技能，从而使孩子康复得更快和更好。

（五）肢体残障儿童

肢体残障儿童在生活、学习等各个方面都会遇到比健全儿童更多的困难和障碍，但如有坚强的意志力，通过坚持不懈的锻炼与尝试，往往可以与健全人一样独立生活、学习，以及适应社会。故应该积极鼓励这些儿童身残志不残，培养独立生活和学习的毅力。通过体育活动不仅能增强其体质、磨炼意志、促进康复和恢复，增强其适应社会生活的能力。正因为特殊儿童在生理上的特殊性，他们更加需要体育活动去增强自身的协调，同时为他们发展正常器官的代偿能力创造良好条件。

第四章　聋童韵律体操

第一节　聋童概述

一、聋童的定义

《中国医学百科全书》对耳聋的定义作了如下解释：耳聋是当人们听觉传音部分、感音部分或两部分发生病变时，即出现听觉障碍或听力减退，概称耳聋。一般轻者为重听，在一般情况下能听到对方提高的讲话声；重者为耳聋，听不清或听不到外界的声音。所谓聋哑，是一种听不到声音又不会说话的状态。一个生来听觉正常的儿童，依靠口耳相传自然而然就会学会说话。如果因先天因素或婴幼儿时期种种原因使双耳发生重度耳聋，以至全聋，完全或基本不能接受外界声音刺激，无法学习说话，自然就会成为聋哑。而若在幼儿时期，虽初步学会说话，也会因耳聋而重新丧失说话的能力，甚至在 7 岁以前，儿童若发生重度耳聋，以至失去了通过听觉来控制和调节发音的能力，必将继发语言障碍，发音多不正确，所掌握的词汇也会逐渐遗忘，结果还是成为聋哑。由此可见，聋哑人之所以不会说话，并不是由于语言器官有什么病变，而是由于听力丧失或听力不佳使之无法听到和辨别语言，以致失去了模仿说话的可能性。这说明聋是因，哑是果，因聋而致哑。

耳聋，是听觉传导通路器质性或功能性病变导致不同程度听力损害的总称。耳聋是影响人类生活质量最主要的问题之一。婴幼儿及儿童时期是听觉及言语发育的最佳时期，此期间发生的耳聋若不及时发现和治疗将对患儿以后的言语发育造成不同程度的影响，这部分因各种原因产生听力障碍的儿童统称为聋童。

二、聋童的分类

听觉障碍可按听力损失的程度、听觉障碍发生的部位、听觉障碍发生的时期、对语言学习的影响、听觉障碍的性质、听觉障碍的原因等几个维度进行分类。

（一）按听力损失的程度分类

听觉障碍最基本的分类方式是按听力损失的程度进行划分。因为对于听觉障碍者的学习与环境适应的影响而言，最主要取决于听力损失的程度不同，这种分类也称为“分级”。

世界卫生组织（WHO）1997 年颁布新的划分标准，较以前的标准增加了一个 4 000Hz 的听阈，充分考虑了听力障碍者的高频听力损失的情况，具有一定的临床价值。现多采用该新标准。它根据 500、1 000、2 000 和 4 000Hz 的平均听力损失将听损程度分成 4 个等级：26～40dB 为轻度，41～60dB 为中度，61～80dB 为重度，大于 81dB 为极重度。

（二）按听觉障碍发生的部位分类

按听觉障碍发生的部位将听觉障碍分成三类。

1. 传导性听觉障碍

从外耳、中耳到卵圆窗这一部分在听觉神经机制上起的作用是传导声，因此，这一部分的缺陷造成的障碍即为传导性听觉障碍，也称传音性听觉障碍。

2. 感觉神经性听觉障碍

由内耳到大脑中枢这一部分在听觉机制上起的作用是感受声音，因此，这一部分的缺陷造成的障碍即为感觉神经听觉障碍，也称感音性听觉障碍。

3. 混合性听觉障碍

如果病变部位同时累及外耳、中耳、内耳或听神经及听觉中枢，即为混合性听觉障碍，此种障碍将进一步增加听力训练难度。

（三）按听觉障碍发生的时期分类

按耳聋发生的时间可分为先天性聋和后天性聋。

1. 先天性耳聋

先天性耳聋是指因母体妊娠过程、分娩过程中的异常或遗传因素造成的耳聋，多为感音神经性耳聋。先天性耳聋可分为遗传性和非遗传性两大类。根据病理类型又可分为传导性、感音神经性和混合性三类。主要病因有：①遗传性因素，即父母有先天性耳聋，孩子易患此病，或者近亲结婚也可造成先天性耳聋等；②药物中毒，孕期母亲使用了如庆大霉素、奎宁等耳毒性药物，或在孕期若受过深度麻醉的，会造成胎儿听力损害；③疾病损害，父母一方若患有性病，如淋病、梅毒等，可诱发孩子先天性耳聋，或母亲在妊娠三个月内患有风疹、弓形虫感染，新生儿出生时体重小于 1 500 克、患高胆红素血症、产时严重窒息、患有化脓性脑膜炎等会导致耳聋；④分娩过程，母亲在分娩的时候，产钳使用不当会损伤孩子的听觉器官。

2. 后天性耳聋

后天性耳聋是指出生以后，不论是耳局部还是全身性疾病所引起的耳听觉障碍、听力下降即为后天性耳聋，这种耳聋不会遗传给下一代。

（四）按对语言学习的影响分类

按对语言学习的影响分类可分为语前聋和语后聋，儿童在学习语言以前即已出现的耳聋为语前聋，已经有了语言基础才出现的耳聋为语后聋。

（五）按听觉障碍的性质分类

按发病的性质可分为器质性耳聋和功能性耳聋。器质性耳聋：一切导音、传音系统中器官组织、解剖结构发生病理改变或生理功能缺陷所造成的听觉障碍、听力下降即为器质性耳聋。功能性耳聋一般属主观性耳聋，有精神因素、精神障碍、癔病性和伪聋等。

（六）按听觉障碍的原因分类

按发病原因分类可分为药物性耳聋、传染中毒性耳聋、爆震性耳聋、噪音性耳聋、突发性耳聋。

三、聋童的特征

听觉障碍儿童的特征，主要是指由听觉障碍而导致语言困难，又由语言沟通的限制而影响一系列认识能力、人格特性及社会适应等方面的正常发展，在以下几个方面的表现上有别于健听者。

（一）语言特征

聋童主要的特征是语言发展有困难。一个人的语言能力是通过听、说、读、写活动而形成的，而语言又表现在听、说、读、写中。

1. 听话能力

一般来说，聋童无法通过听的途径学习说话，因而不能形成说话能力，不能进行口头交谈。失去听话能力，是聋童说、读、写发展困难的最主要的原因。但是一些轻度听障的聋童仍具有部分听话能力。如果是学语后听障聋童，原先保留了一定的语言经验和词汇，经过相当系统的听能和语言训练，再配合读话、佩戴助听器，其听话能力将得到较大改善。

2. 说话能力

说话能力与听话能力密切相关。凡影响听话能力的诸因素同样能影响说话能力的发展。因为听话是学话的基础，在自然状态下，不能“听”，“说”也无从发生，更无从发展。聋童学习说话，不可能完全借助于听觉途径的模仿，尚需依靠视觉途径模仿口型。而靠“看”口型学习说话，对于不具明显口型或相似口型的音就很难觉察或区分。因此，聋童说话的语音、语调都具有使健听者感到“不清”和“走调”的特点。

3. 阅读能力

按健全儿童的语言发展规律，阅读需要以说话为基础，阅读能力的发展与阅读障碍的形成，皆与个体对文字的语音处理能力有关。聋童若不能依正确的字音、字序或依正确的意群念出文句，则将难以理解文意。大量的研究和聋校的教学经验表明，听障学生的阅读能力较一般学生低得多。

4. 写作能力

写作能力是一种书面表达能力，它与说话能力关系十分密切。一般而言，说话能力好，书面表达也会好，反之亦然。聋童说话能力差，必然会影响书面表达能力。但是，书面语言又不完全是口头语言的消极记录。书面表达能力与口头表达能力是相对独立的两种能力，不能简单地把它们看成是一一对应的关系。聋童的写作能力通常比阅读能力还低，原因是阅读是对现成语言的感知和理解过程，而写作则要独立、主动地去组织语言，这一过程需要更复杂的思维加工。

（二）认知特征

我国学者在讨论听障者认知特征时，多从心理活动几个认知过程分别加以论述。智力是人们的认知能力的整体体现，因此我们以整体智力为依据进行讨论。听障者的整体智力是低于健听者还是相差无几，是学者们关注和争论的焦点。原因是听障者缺乏语言，而传统观念认为思维活动是借助语言进行的，50 多年前已有人指出，听障者的智商也呈常态分配，但平均智商低于健听者 10 分。另有研究认为，听障者与健听者之间在智力上的差异主要表现在抽象概念方面，而在具体的智力作业上，二者并无明显的差异。

（三）人格特征

人格既是一个人社会化的结果，又是一个人适应社会的行为模式和工具。因此听觉障碍者的人格特征往往与其社会问题放在一起加以讨论。事实上，许多人格量表一致显示听障儿童较耳聪儿童有更多的适应问题。因为沟通是形成社会互动的基础，所以沟通不畅常会导致行为上的困难。聋童的人格特征和社会适应问题有哪些表现，现汇集有关学者的研究成果，归纳如下：

（1）聋童虽无明显社会适应或人格问题，但他们的个性表现出刚愎自用、自我中心和缺乏内部控制能力的特征。他们既容易冲动，又易受暗示，缺少同情心，这些问题到青少年期会更强烈。

（2）随普通班就读的听障学生，大多表现出孤独与拒绝的态度。

（3）学龄聋童比同龄耳聪儿童表现出更多的情绪困扰，自尊水平低，缺少乐观向上的进取精神，较不顺从，与他人少有分享互动的喜悦，成就感不强，并缺乏独立性和创造性。

（4）学前聋童与同龄耳聪儿童相比，显得较不成熟、易冲动，较不自律、自治。在人际关系上，听障者常表现出三种适应态度，脱离型、拒绝型和接近—统合型。

（5）聋童容易产生攻击性或退缩行为，以便控制情境。聋童的道德判断普遍较为幼稚，听觉障碍不利于道德发展，年龄愈小道德判断发展的差距愈小，年龄愈大则差距愈大。

（四）学习特征

学习特征包括两层意思：一是指学习能力；二是指学业成就。聋童学习能力要低于健全儿童，因此在达到入学年龄时仍显得比健全儿童发展要滞后一些。大致说来，聋童的学业成就，平均要比同龄的健全儿童低三到四个年级不等，抽象思维与理解能力方面与健全儿童有较大的差距。聋童四肢健全，一般来说不会影响他们的运动能力，但从而运动能力的表现方式也与健全儿童不同，例如在做操时正常学生听口令可以按节拍来做操，但聋人要给手语开始、给节拍来做操。

第二节　聋童韵律体操的编排与音乐选择

一、编排聋童韵律体操的基本原则

聋童虽然对音乐的感知能力不如健全儿童，但在进行韵律体操练习时，也要像对待健全儿童一样进行训练，音乐与韵律体操有着十分密切的联系，音乐是韵律体操的灵魂，音乐能烘托韵律体操的气氛，对于有听力障碍的聋童亦如此。

（一）把握目的性

韵律体操动作很多，练习的方法也各不相同，为了更好地发挥韵律体操的作用，编排整套动作时，首先，要把握按课的任务来进行准备活动编排这个目标；其次，选择的动作必须能够充分活动全身各部位的关节和肌肉，为进入课的基本部分做好身体准备；再次，要根据课的内容重点加强身体某一方面的活动或补充基本部分不足。如课的内容有技巧项目，则应该加强上肢活动，除了选择一些有诱导作用的动作（压肩、拉肩等）之外，还要有下肢活动的动作以便使身体得到全面锻炼。聋童听力有障碍，更需要培养正确身体姿势，还应有重点地选择一些加强身体某部位活动的矫正体操，以促进身体的全面发展。

（二）强调针对性

编排聋童韵律体操还必须根据儿童的性别、身体素质、训练水平、场地、气候等实际情况来选择内容，做到因人而异，因地制宜。编排聋童韵律体操，应根据聋童的心理和生理特征，选择一些自然活泼、轻松愉快、节奏鲜明、易于模仿的动作。

（三）注意审美观

韵律体操中的美育，主要是通过协调、健美的动作，培养学生正确的身体姿势，使身体形态匀称地发展，并通过节奏的变化，使人的精神产生振奋并获得韵律感，在心理上得到美的享受。但是不能单纯地从形式上追求美，应该注重人的整体性，注重身心两方面的统一。编排韵律体操不仅是为了活动全身，而且还具有训练形体的任务，对聋童进行审美教育，培养正确理解美、热爱美和创造美的能力。

（四）注意整体表现

人是一个统一的整体，只要身体某一部分姿态不正确，整个身体的姿态就会受到不同程度的破坏。聋童听力受到障碍，往往面部表情和身体反应迟缓，造成某些动作太机械、不生动，所以就更应该注意身体的基本姿势。其中头、躯干的部位尤其重要，所以在编操时要注意身体各部位的协调配合。

二、音乐的选择

（一）音乐选配的基本原则

1. 简单易于表现

韵律体操伴奏音乐一般应以优美流畅、表现性较强、线条长的旋律为主。长线条的旋律的乐曲结构与基本动作组合的结构规律比较吻合，教学中的基本动作及其组合，配以优美动听、歌唱性强的乐曲，易于激起儿童的兴趣，使其受到情绪的感染。

2. 节拍完整鲜明

教学伴奏音乐要尽量选用节奏鲜明、旋律优美的音乐，才能更好地培养儿童的节奏感和韵律感。教学时，徒手动作和器械动作体现了音乐的节拍性和节奏性的特点，如波尔卡舞步为2/4，华尔兹舞步为3/4拍，而乐曲的节拍多以二拍子、三拍子或四拍子等形式出现，这种典型的、有强烈节奏感的拍子与韵律体操基本动作的节拍单位是一致的。

3. 与动作紧密吻合

在韵律体操教学中，多以基本动作为主，而这些基本动作都是以一定的律动性为依据的，其律动规律较规范，很容易与音乐的节拍相吻合。通常选择乐曲的长度应与编排动作的长度一致。教学课中基本动作组合至少为4个8拍以上，而组合节拍的多少是依据动作的内容和教学需要进行编排的。

4. 艺术感染力强

表演音乐作为教学活动的组成部分，其音乐的选择除了与教学音乐一样要求旋律悦耳动听、节奏鲜明外，还应该选择气势宏大、艺术感染力强的音乐，以便更好地渲染、烘托场上的表演气氛，塑造表演者的动感形象，突出艺术表现力。此外，感染力强的音乐与优美动作的有机结合，对人的视觉和听觉系统产生一定的刺激作用，能引起强烈的情绪共鸣，给人以艺术和美的享受。

（二）音乐选配的依据

大家熟知的聋人舞蹈“千手观音”以及聋人艺术团表演的众多节目中，观众很难看出它们与正常节目有区别。“千手观音”的主演——聋哑姑娘邰丽华与20位伙伴结为一身千手，以千手观音的形象立于莲花台上，他们以慈祥的眼神、缤纷的手姿与圣洁的舞蹈演绎着千手观音的仁爱，将观众带入天人合一、大地生辉的意境。心手相连，聋人平时通过手语交流，手指灵活，更善于用手来表达感情。“千手观音”通过观音丰富的手姿变幻来诉说内心的语言，手语应用在舞蹈之中变为了舞蹈语言，变幻的动作表达了聋人的心声，更富有艺术美和感染力。演出的现场，四位艺术团的手语老师分别位于舞台四角用手语指挥她们演出，虽然聋人听不到音乐，但是手语老师就是聋人的耳朵，她们随着音乐的节奏用优美的手语传达给演员，在无数次的排练之后，她们对音乐的旋律已经非常熟悉了，音乐已经融入了她们的身体、融入了她们的血液，可见音乐对聋人同样重要。

1. 根据聋童的年龄特征

在选择乐曲时，要考虑聋童的实际水平，乐曲由易到难、由简到繁，乐风轻松、活泼、符合潮流、朗朗上口，使聋童易于接受。

2. 根据动作的节奏及长短

韵律体操动作的节奏感和律动要求选择音乐必须符合节奏规范。为单个同类动作选配音乐除了要考虑到具有的共性外，还要根据其细微的差异，选配不同节奏的音乐。

3. 根据器械的特点

根据器械特点选择音乐，能更好地体现器械动作的特点。

4. 符合时代的要求

随着社会的发展，音乐多元化势必会影响老师和儿童对音乐的审美体验。韵律体操音乐素材的选择应强调时代性，即要跟随时代的发展有所变化，融入新元素、创造新风格。

第三节　聋童韵律体操的教学

一、教学与指导

聋童在学习韵律体操前需要进行节拍的学习，让他们感受节拍的强弱、快慢，通过反复练习后，才能使聋童有节奏的概念。有必要时，可以让聋童触摸音箱，让他们感觉音乐节奏的律动，对音乐的快慢、强弱有初步的了解。或者在音响上加装能够跟着音乐节奏闪烁的LED灯，用一种LED电平指示或音频频谱显示电路板，连接声音输入和电源，让聋童从灯光的闪烁中感受音乐的节奏。

同时儿童在练习节拍前还要掌握开始的手势，老师平时训练都要给预令与动令，这个“预令”有手势语，也有给节拍的。对聋童来说刚学韵律体操时不能要求太高，应以模仿、跟随为主，路线也不能过于复杂，一般以左右、前后为主。

聋童在学习韵律体操要按照视、仿、练、做一体化练习，视就是看，可以看老师的示范、看视频、看示图；仿是模仿，先慢后快的按动作模仿；练就是练习，先慢再快的练习；做是在教师的指导下跟着节拍练习，再配音乐，最后在音乐的伴奏下让聋童独立完成整套动作。

教授动作从易到难，在聋童掌握部分单个动作以后，应该立即把这些动作连接或组合起来，从一开始就让他们重视动作的连贯性。例如每类动作首先教一些基本动作（各种步伐、转体、造型），接着把单个动作串成小组合。

安排简单的小组练习，分组练习可以帮助聋童互相模仿和切磋，熟悉动作之后应在音乐伴奏下进行，让孩子们更容易地理解并正确地完成动作，要帮助儿童把音乐的韵律和感情贯注到动作中去。

二、教学方法与手段

韵律体操教学方法指的是在韵律体操教学过程中为了完成教学任务所用的措施和办法。韵律体操教学方法对于实现教学任务、提高教学质量，具有重要意义。正确地运用方法能够调动聋童学习的主动性、积极性和创造性，激发聋童学习兴趣和求知欲望。为了提高教学质量，实现最佳教学效果，教师对聋童的教学方法应进行精选，选用的教学方法是否正确，直接关系到教学效果的好坏和教学质量的高低。韵律体操教学方法很多。一般常用的方法有：语言法、直观法、完整法与分解法、重复练习法。现将以上方法分别介绍如下。

（一）语言法

语言法是指运用第二信号系统的条件联系，促进掌握动作技术的教学方法。语言法分为口头语言和书面语言。韵律体操教学最常用的是口头语言。口头语言的形式有讲解、讲述、讲演和问答。结合韵律体操技术教学，还有口令、指示、提示、口头评定、音乐伴奏、默诵与自我暗示等。在对聋童的教学过程中口头语言与身体语言要同步，例如教师给了口令“抬头”，身体语言也要跟紧，做出“抬头”的动作。聋童的模仿能力比较强，开始练习时虽然不会说，但都能模仿，对聋童来说口令、指示、模仿是学习韵律体操必须首先掌握的。

（二）直观法

直观法是指在韵律体操动作教学中，借助视觉、听觉、肌肉本体感觉等感觉器官来感知动作的常用教学方法。这种方法对聋童用得最多。往往是把口令、指示、提示、口头评定、音乐伴奏、默诵与自我暗示都化成直观让聋童感受，它有助于他们了解动作形象、结构、要领、完成方法以及时间和空间关系，从而建立正确的动作表象。在学习动作过程中，视觉直观是对所学动作清晰地分辨出快慢、方向及身体各部分相互运动的时间、空间状态，但只能了解动作的外部形态。直观是通过语言、声响刺激思维，帮助聋童进一步理解动作的技术，不但懂得应该怎样去做，而且知道其道理。

（三）完整与分解法

完整法是指把单个动作或成套动作完整地进行教授，从动作开始直到动作结束不分部分或段落完整地教。这样不破坏动作和动作连接技术，能够给聋童建立完整的动作概念。分解法可用于单个的复杂动作，也可以用于联合或成套动作教学。对单个复杂动作分解来教时，最后还是要应用完整法来教。

（四）重复练习法

重复练习法是有目的、有计划地多次重复练习单个动作、联合动作和成套动作的方法。练习法要求聋童亲自进行实际操练，通过本体感觉、切身的实践体会逐步掌握动作，所以练习法是学会、巩固和提高动作的重要方法。

不管什么方法，只要能让聋童掌握都是好的方法，聋童开始学习，手语词汇量少，但他们的视觉没有障碍，给一个空间，让聋童去模仿就是最好、最重要的开始。因为听不到，聋童的注意力往往比健全儿童要好。模仿、直观教学法是聋童最好的学习方法。

三、设计、组织与实施

（一）设计编排动作的原则

1. 要有明确的目的性

编制聋童韵律体操时，首先应根据练习的目的和任务选择内容。如编制保健性的韵律体操，选择的动作要简单易学，又有锻炼价值；编制专门身体训练的内容时，选择动作则应多考虑动作的强度和影响哪些肌肉群和关节的问题。

2. 要有科学性，注意全面锻炼身体

从聋童的身体部位来看，应包括上肢、下肢、躯干及全身运动；从身体素质来看，应包括速度、力量、柔韧、协调、灵活等方面的内容；再根据音乐的风格与节奏变化，使聋童的身体得到全面发展。

3. 合理安排运动量

整套动作的运动量要符合聋童的身体活动规律，动作的编排应由简到繁、由局部到全身，节奏由慢到快。整套动作节序要合理，先伸展或上肢运动，再到扩胸或四肢运动，配合体侧屈、体转、腹背、绕环，最后是全身运动和跳跃运动。

4. 要有创造性

韵律体操的内容十分丰富，不仅可以根据实际情况选择各种不同的动作，而且应该针对不同要求创造性地编选内容。聋童因为听力障碍，他们的世界往往是寂静无声的，如果编排的动作千篇一律、枯燥无味，他们就会失去练习的兴趣。教师可以通过改变姿势，变化运动方向、幅度、速度、路线、配合等方法，创造朴实大方，具有锻炼实效的动作，以提高练习兴趣和效果。

（二）设计编排动作的方法

1. 成套运动的编排方法

根据编排原则，明确了用途和实际情况后，首先确定整套动作的节数、特点和重复拍数，然后按节序编选每节动作。确定节数时，既要考虑运动量大小，又要考虑包括哪些身体部位的内容，一般节数应为7～8节。整套动作的特点是根据做操任务，突出某种特色。

2. 每节的编排方法

编排一节动作有下列六种方法，每节动作都存在每种方法的综合运用，但有的方法中只是采用一或两个具体方面。

（1）要注意身体各部分配合，如上肢运动应以活动上肢为主，但仍需要下肢与上肢协调配合，参与配合的动作不宜太复杂。

（2）可以将不同类型的动作进行组合，例如不同水平动作的连接、不同动作面的转换，空间动作，即站立、地面、腾空动作的结合等。

（3）方向、路线、图形的多元变化，向前、向后、向侧、对角、弧形的运用，直线、平等线、丁字形、正方形、三角形、菱形、圆形、字母拼图等图形的转换。

（4）不同做法的变化，可采用身体对称部位的同时做、依次做、轮流做或对称做、不对称做的方法。

（5）不同形式的做法，可采用行进做、定位做的形式。行进做时可用一步一拍，一拍一动来做，还可走四步四拍，站立做四拍动作。定位中一般采用站立做，还可采用蹲、撑、坐、卧和前后左右小移动来做动作。

（6）动作不同重复次数与节奏的变化组合，各种采用不同幅度、线路、速度、频率的变化组合。对轻器械体操的编排，还必须注意以身体运动为主，以器械动作为辅。

（三）组织与实施

1. 加强宣传教育

韵律体操具有广泛的实用性与群众性，不受性别、年龄、场地、气候、运动量等的限制，对聋童适应社会、增强自信有很好的帮助。为了更好地开展活动，应该做好宣传，特别是从少儿抓起，让聋童形成坚持锻炼的良好习惯。

2. 合理组织做操队形

聋童因为感受不到音乐的节奏，所以在集体做操时，为获得良好的练习效果，应当组织合理的队形。做操队形多种多样，行进操的队形可采用一路、二路或多路纵队，还可采用多列横队，一列一列依次行进做操，定位操的队形一般有正方形、长方形、圆形、半圆形等。无论什么队形，均应注意下列几点。

（1）根据人数的多少、场地的大小选择队形。

（2）选择的队形既要便于大家看清领操员的示范动作，又要有利于领操员的指挥。

（3）因为聋童听不到，所以场地选择就更要安全。保证聋童练习时前、后、左右不能相碰，徒手操一般左右为两臂间距，前后为两步距离，手持轻器械的练习场地要更大，还要加上器械的长度或抛掷练习的范围。

（4）队形的方向要注意风向、阳光和环境干扰的影响。

3. 正确运用示范

示范是做操各内容教学的主要教学方法，通过示范能使聋童建立正确的动作表象，示范要求：正确示范必须做到动作清楚、部位准确、节奏分明、精神饱满，使聋童既看清每拍动作做法，又看清各拍动作的连接。示范位置要根据练习人数和队形来定，行进操时一般在纵队前三分之一的左侧较好。定位操一般站在队伍中央前的等腰三角形的顶点位置，如果人多队伍大，应站在较高位置示范。示范形式：镜面、侧面、背面示范。动作难易和对象水平可采用正常速度示范、慢速示范、分解示范、完整示范、领做示范，各方法又可相互结合运用。

4. 恰当运用讲解

讲解配合示范可以加深对韵律体操的理解。对于聋童要用手语将韵律体操的动作要领和方向解释清楚。讲解的要求是语言要简明扼要、生动形象、通俗易懂、内容要突出重点，一般不宜讲动作全过程，主要讲清动作的方向、线路、部位和身体各部位的配合方法，边示范边讲解的效果最好。

5. 准确运用口令

口令是指挥做操的号令，口令喊得好坏，关系到完成动作的效果，影响做操的情绪。口令要求准确、清楚、洪亮（优美）有节奏。口令有节拍口令和提示口令。节拍口令是指挥动作的速度、节奏，运用时根据动作熟练性和动作的幅度大小确定口令的快慢；提示口令是在节拍口令中运用，以重点提示完成动作的某些要求、做法等，如臂和腿未伸直时，可叫（打）“一、二、伸、直”或“臂（腿）、要、伸、直”。重复做动作时可喊（打）“五、六、再、做”，接做下节操时可喊“五、六、七、体转运动”，或“五、六、七、换”，停止练习时可喊（打）“五、六、七、停”等。这些对聋童是一样的，只是把这些字、词用手语表示出来，例如：向左（右）、向前（后）直接用手指出方向，快慢、力度、表情一个手语聋童就明白了。

6. 及时纠正错误

练习时老师要注意观察错误动作，分析错误原因，及时采取有效方法纠正错误。纠正动作错误可采用集体纠正、个别纠正和相互纠正的方法。集体纠正是在多数人有错并出错较多时，采取停止练习纠正，然后再练；个别纠正是在少数、个别人有错时，不停止练习，采用提示手令边做边纠正，还可在提示中配合手势或动作暗示给予改正；相互纠正是在出现各种不同错误时，采用一对一、面对面互相纠正，可用一人做另一人观察纠正、二人互做互看的纠正等。

7. 成套动作教学法

根据一套韵律体操动作的难易，聋童技能水平及掌握动作熟练程度等情况，可选用多种教学方法，如分节练习法、分段练习法、累积练习法、连续练习法、重复练习法、对称练习法等，每种练习方法可以单个使用，也可以综合使用。

四、教学过程中注意事项

（一）提高聋童的兴趣

聋童的第二信号系统活动还不完善，想象思维能力较差，对于直观感觉到的现象容易建立条件反射，善于模仿。同时，从心理学的观点看，这个年龄的儿童对于某项学习的兴趣大小，主要不在于学习的内容，而在于活动的形式，即同一学习内容由于活动形式不同，他们的兴趣也不相同。因此，活动形式应尽量避免呆板、单调，要设法使聋童产生兴趣，感到满意。最好利用模仿的方法，有目的地教会聋童逐步地掌握韵律体操的某些基本动作。老师的语言要生动、通俗而富于趣味，做到形象化、直观化，甚至连那些没有生命的东西也都予性格化。讲解时要尽量联系聋童熟悉的生活和事物，以便唤起他们头脑中已有的某些经验，帮助理解与记忆。

（二）创新教学方法

在少儿时期，神经细胞的工作耐力差，心血管及心肺功能系统的发展尚未完善，容易产生疲劳的现象，但经过短时间的休息，又能很快得到恢复。他们喜欢探索新鲜事物，喜欢尝试新的活动，也喜欢游戏，特别是带有故事情节的游戏，因此，面对聋童，老师们要选择多变的教学方法，不断尝试新的手段才能适应聋童强烈的求知欲。

（三）培养正确姿势

根据少儿生长发育特点，在韵律体操的教学中，要注意培养正确的基本姿势，防止脊柱畸形。韵律体操的教学还要和形体美的训练密切地结合起来。形态美包括两个主要方面：一是身材美；一个是姿态美。身材美，主要指骨骼比例匀称、适当、肌肉丰满，富于弹性；姿态美是和身材相关的。姿态是指人体在空间活动、变化的样式。姿态很多，但最基本地表现着人们举止风度、思想气质的，则是站、走、坐的姿势。所有正确的站、走、坐是美的姿势的主要表现，韵律体操的屈、伸、含、展、开、并、转和绕环等是训练形体健美的必不可少的活动。

（四）熟练运用手语

韵律体操的教学过程，应该是示范与讲解结合进行，教师要熟练运用手语，当聋童练习时，教师要把每一拍的动作用手语讲解清楚。复杂的动作要分解教，由局部到全部、由浅入深地进行。讲解时，一定要把身体部位、方向、路线以及运动形式交代清楚，使聋童建立正确的肌肉感觉，以提高聋童做基本活动的能力。

五、场地、设施要求及辅助器械

韵律体操教学课一般较适合在室内场馆中进行，需要一定的场地面积和空间范围。韵律体操的教学大多是集体或有组织的进行，其空间大小要使每个人都能最大限度伸展肢体，身体或器械又不会碰撞，防止发生不必要的意外伤害事故。可以在较为平整的水泥地面练习，如果能在有地板或地毯的场地上练习更为理想。此外，对场馆的空间高度也有一定的要求，作为教学用的空间高度 5 米左右均可。

领操台的设置对聋童来讲非常重要，聋童学习韵律体操首先就是用视觉来观察和领悟的，音乐的快慢、节奏的强弱以及每个动作的变化都通过领操员的打出的手语才能传达信息。领操台的大小、宽度和高度可以根据场地来设定。根据韵律体操编排的特点，领操台可以设在场地的前方，也可以设在场地的四个角，保证每一位聋童在移动到任何方位时都可以看到领操员的指令。

韵律体操教学的特殊性在于许多练习都必须在音乐伴奏下完成。在教学中，配上优美动听的音乐能充分激发儿童的练习兴趣，帮助掌握动作的韵律节拍和节奏，充分发挥其想象力和创造力，增强动作的表现力和感染力。质量优良的音响设备是教学中不可忽视的重要因素，它们往往会给教学带来事半功倍的效果。虽然聋童对音乐的感知存在问题，但很多聋童在佩戴助听器后也能感觉到音乐带来的韵律，加上老师反复的带有韵律的示范同样也能带给他们对音乐的感知。

第五章　盲童韵律体操

第一节　盲童韵律体操的概述

一、盲童韵律体操的基本内容与特点

盲童韵律体操的内容较为丰富多样，按年龄阶段分学前盲童韵律体操、小学盲童韵律体操、中学盲童韵律体操；按视力残疾程度分低视力韵律体操、全盲韵律体操；按性别分男子韵律体操、女子韵律体操。按练习的特征又划分盲童徒手韵律体操、盲童轻器械韵律体操、盲童实用韵律体操。下面简单介绍按练习特征划分的盲童韵律体操。

（一）盲童徒手韵律体操

盲童徒手韵律体操是根据盲童身体各部位的特点，依照一定的程序，由举、振、屈、伸、转体和绕环等一系列徒手动作所组成的身体练习，是盲童韵律体操中最基本的练习。盲童徒手韵律体操动作简单，不受场地和器材条件的限制，易于推广。经常练习徒手韵律体操，还可使盲童的四肢和躯干灵活、动作协调。此外对增强盲童的中枢神经系统、促进血液循环、加速新陈代谢、预防身心疾病、振奋精神，都有积极的作用。

（二）盲童轻器械韵律体操

盲童轻器械韵律体操指在盲童徒手韵律体操的基础上，通过手持体操棒、沙锤、橡皮筋、铃鼓、皮球、哑铃、跳绳等轻器械进行的身体练习。盲童经常进行轻器械韵律体操，可促进身体正常发育，发展速度、力量、柔韧、灵敏、弹跳力和协调能力。盲童手持轻器械（沙锤、铃鼓）进行集体的韵律体操练习，还可以通过器械发出的声音感知方位、队形，或者通过与队友共用体操棒、橡皮筋、绳子等器械增强与他人配合和协调的能力。

盲童韵律体操以徒手练习为主，包括各类基本动作组合及成套练习。持轻器械练习也以一般性体操动作为主要内容，器械的选用应根据各地条件和练习的任务而定，没有硬性的规定。盲童韵律体操结合队形的变化，可进行集体表演，也可作为普及性的比赛内容。

（三）盲童实用性韵律体操

盲童实用性韵律体操的内容包括运动补偿性韵律体操和医疗保健韵律体操。运动补偿性韵律体操因各种练习内容和方法不同，取得的作用也不同，但目的在于促进盲童的身体健康，提高适应生活和运动的能力。医疗保健康复韵律体操是韵律体操与医疗保健康复相结合，它有针对性地配合各种医疗、保健、康复措施，通过韵律体操锻炼来治疗疾病和创伤以及预防疾病和改善疾病的一种好的方法。例如，盲童或多或少有盲态，如八字步、“O”型腿、低头缩肩、“鸡”胸等，应根据个体不同的情况制定训练方案进行矫正训练，预防盲童出现由于长时间保持一个姿势或缺乏运动导致身体劳损和畸形的情况。

二、盲童韵律体操的功能与作用

盲童韵律体操的教育功能主要表现在对儿童的智能、身体机能、社会行为、情感品质、艺术素养等方面的开发及培养。

（一）智力与身体机能的提高与改善

视觉是人们能正确生成方位感的重要因素，盲童视觉缺陷使得他们对空间方位的认识能力不够，上下左右以及顺、逆时针旋转、空间平移、上下位置的错动等，这些用眼睛可以一目了然的方位，由于盲童缺乏直观印象，空间认知能力的方位就较健全儿童差。韵律体操在传授知识和形成技能中能让盲童得到很好的智力与能力的锻炼，能增强儿童大脑中枢神经系统的功能，提高大脑的均衡性、灵活性和思维能力。其特殊的作用主要表现在对空间、色彩、语言、数量的认知上，韵律体操所有的动作都是受空间、时间和力度的影响，通过对韵律体操技能的学习，可以提高盲童对时间、空间与力度关系的认知。

前面提到视力障碍儿童因为社会适应能力受限，会产生刻板行为（盲相、盲态），如揉眼睛、晃动身体、摆手等。参加韵律体操练习对于培养特殊儿童优雅的姿态很有功效，韵律体操动作除了强调大肌肉、大动作的发展，也重视小肌肉、小动作的活动能力，并且着重发展腿部力量，有助于培养弹跳素质、速度素质和耐力素质。通过身体与器械动作的巧妙运用，可以有效提高协调性及反应能力。在教学中，经常鼓励盲童使用双手和利用身体两侧做动作，还可以提高大脑的均衡性及肢体的协调。由此可见，韵律体操这种教育手段和形式，能最大程度促进盲童体质健康、体型匀称、体态端正、动作矫健等，有效地改善和缓解其刻板行为。

（二）社交技能的提升

盲童因为视力有障碍，往往造成社交途径和社交技能缺乏，在社交中视觉障碍者往往面部表情不生动，姿势贫乏，缺少对他人社会信号的回应，被人误以为不关心，没有兴趣或冷漠。韵律体操教学不仅局限于身体活动的物化层面，通过教师精心设计和组织的课程学习，还可以培养学生交友能力及亲近他人的能力，学会在一个团队内与他人合作、对话及沟通，并从帮助他人的情境中获得满足感。很多活动方式（如器械交换、配合造型、轮流练习、相互提问、角色分配、创意活动、趣味游戏等）都可以使特殊儿童在不知不觉中受到感染和陶冶，从而加深对已有的道德认识，提升对自我的重视。

（三）情感与艺术修养的培育

韵律体操教学方法的多样化，使盲童容易在学习初期就能感受到自己所取得的进步，从中体验到成功的快乐，同时通过音乐与动作配合、他人的赞同与欣赏、难度动作挑战、新奇器械技能学习等，都能给盲童带来巨大的精神快乐和学习体会，形成愉快的情绪和积极的情感，促使他们积极参与活动，使心胸变得更宽阔，有利于培养平易近人，与人为善的性格，提高自信心和自我认识能力，减轻心理压力和宣泄释放情绪。

韵律体操还具有艺术的愉悦作用，特别对于盲童，在优美的音乐氛围中学习韵律体操动作，抒发了情感和感受到韵律动作的美；通过了解和学习完美结合的韵律动作与音乐，提高了动作节奏的理解；通过对韵律体操的动作和音乐的感知，享受创造和成功的乐趣。所以盲童学习韵律体操能在潜移默化中更好地领略优美的意境、陶冶性情、提高艺术素养。

第二节　盲童韵律体操音乐选择与教学

一、盲童韵律体操音乐的选用

韵律体操动作是一种对身体具有特殊功效性的练习，它具有自己的动作节奏，动作要求有一定的力度，而音乐为其提供了最基本的节奏，韵律体操动作按照一定的音乐节拍，依据一定的韵律进行练习，使其更具有生命力与艺术性。另外，音乐的节奏与速度在很大程度上控制着运动的强度，节奏快动作的强度就大，反之动作的强度相应变小。音乐的强弱变化为动作的力度与起伏奠定了基调，这种内在的联系，使动作产生了韵律感，增加了韵律体操的韵律美，提高了韵律体操的美学价值。

鉴于儿童音乐素质参差不齐，在开始学习韵律体操时应选用儿童喜欢而熟悉的歌曲或电视、电台经常播放的歌曲、音乐，向盲童播放的音乐必须是思想内容健康，节奏明显、欢快、能振奋精神的。盲童韵律操的动作与音乐配合的教法：先教基本体操动作，让学生掌握基本的体操动作和方向方位，同时培养盲童良好的方位方向感及本体感觉；完成动作的基础上，强调动作的节奏感，再来熟悉音乐；然后随音乐分段练习，与音乐合拍（开始可以随音乐节奏口令或语言口令提示），最后让盲童随音乐自如进行练习。

学前盲童应选用欢快的流行儿歌或慢而优雅的歌曲作为韵律体操音乐。例如《刨冰进行曲》《踏浪》《兔子舞》《向前冲》《我爱洗澡》《骑马》《葡萄丰收》《好朋友》《虫儿飞》等。

小学盲童韵律体操应选用节奏感强一点、欢快的音乐，例如现在热门的《小苹果》《魅力无限》《嘻唰唰》等。

中学盲童的韵律体操较丰富多样，适合韵律体操音乐的范围比前两者较为广泛，只要是节奏鲜明、轻快、健康文明的歌曲就可以选用。例如《最炫民族风》《江南 SYTLE》《Girl friend》等。

二、盲童韵律体操教学与指导

在教学中，根据盲童的水平设置目标，使每个人通过一定的努力都能达到目标，有利于调动学习的积极性，培养自信心和成就感。此外，对于因某些原因而引起焦虑不安、孤独少言、消极离群和心理障碍的儿童，有意识地创设一些激发情感的情境，如难度动作挑战、新奇器械技能学习等，可激励学生更具进取精神，促使他们积极参与活动，使心胸变得更宽阔，有利于培养平易近人，与人为善的性格，提高自信心和自我认识能力，减轻心理压力和宣泄释放情绪，才更利于盲童的发育成长。

针对韵律体操的特点和儿童的实际情况，主要采用讲解示范教法、盲童触摸动作法、循序渐进法、启发诱导和游戏等方法来组织教学，以生为主，以师为辅，引导儿童自主探索、分组合作、动脑想、练一练，使儿童有所思、有所悟、有所得。对有低视力和学习能力强的盲童要优先培养，再通过他们来组织其他学生进行学习。通过盲童主动和教师主导来学习，较为容易克服韵律体操的教学难度，也加快了教学进度。盲童在互助过程中会出很多问题，但教师要把握住总体进度作为教学主线，那么其他问题可以通过教师的个别指导、学生的刻苦学习、同伴的热情帮助来解决。

三、盲童韵律体操教学方法与手段

（一）渐进法

韵律体操技术动作复杂多样，教学中应遵循由易到难，由简到繁的循序渐进的教学原则，其教学方法是先学局部动作再学整体动作，由单个动作到组合动作，由较慢完成到较快完成，由单手动作到双手动作，由不配音乐完成到配音乐完成，由徒手练习动作到手持器械练习动作。掌握了循序渐进的学习方法，让盲童由浅到深地掌握动作。

（二）完整法和分解法

完整法指的是从开始到结束，不分部分、段落，完完整整地教完。分解法指的是将复杂的动作或单个动作按技术环节的分解成局部动作或段落进行的教学。它能突出重点，抓住难点，将复杂的动作简单化，这样容易掌握，利于教学。

（三）讲解示范法

讲解示范法是指在韵律体操的教学过程中，教师准确、熟练、完美地将动作表现出来，这样学生能从中得到完整、准确的动作概念，从而根据准确的动作概念进行学习。示范法有正面、侧面、背面、镜面示范。教师的讲解能使学生理解动作，特别是讲解法在盲校是主要的教学方法，所以讲解的语言要清楚、简明、扼要、必要时要借助举例其他动作或物体，使盲童能通过该动作的理解迁移到所学动作。另外要注意动作要点要交代清楚。练习时要求教师的语言讲解随着音乐的节奏提示，随着音乐和动作的要求有所起伏和变化。

（四）触摸动作法

盲童的触觉相当灵敏，健全人手指的触觉绝对阈限值为 2.2 毫米，而通过长期摸读盲文训练的一般盲人，手指触觉的绝对阈限可达到 1.5 毫米，有些盲人竟可达到 1 毫米。盲童对日常生活用品摸认能力也很强，他们的视觉功能丧失后，由于高级神经系统的可塑性和学习、生活的需要，盲童的其他感觉器官，如听觉、嗅觉、肤觉和味觉器官等，得到更多的锻炼和训练，从而最大限度地发挥潜能，其功能获得很大的发展，有的甚至超过健全儿童的水平。因此，盲童可以通过触觉观察、认识事物，欣赏事物的美。教师在教授韵律体操时，要花费更多时间耐心地引导盲童敢于、善于触摸，他们不仅可以触摸到韵律体操的每一个动作和表情，辨别出手持的轻器械的基本结构、形状、轮廓、大小、重量，也可以通过教师用盲文画出的几何图形触摸到集体练习时队形的变化，感悟到练习韵律体操的快乐。

四、盲童韵律体操教学过程中的注意事项

（一）多变的教学手段与方法

盲童的方位感、自我约束能力较健全儿童差，因视觉障碍，他们依赖性较强。在教授韵律体操时不应该、也不可能拘泥于课前编写的教案而不加任何变动，更重要的是，应充分考虑师生生命活动的多样性和韵律体操教学环境的复杂性来推进教学过程。教师要根据教学目标、教学内容、教学环境和盲童实际情况来采用适合的教学方式、教学模式、教学手段和评价方法。另外，教师更应在教学过程中根据盲童学习反馈的信息及时灵活调整教学，在教学活动中，要重视师生之间和生生之间的交流，教师、学生与教学环境和教学设备的多向联系等。

（二）补偿训练为主，满足个性需求

盲童的韵律体操教学肩负着视觉补偿的特殊任务，必须正确处理传授体育知识与缺陷补偿的关系。也就是说，即要向盲童传授知识，还要有意识地对他们进行视觉补偿。大部分盲童入学前是毫无韵律体操基础知识的，自学能力较健全儿童差。他们的主要是通过教学课堂这一主要形式来获得体育知识与体育技能的，因此，盲校教师不仅要具备普通学校教师的教学基本功，还必须熟谙盲教规律，对盲文、盲童的生理、心理特点等熟练掌握，并合理利用。另外，还必须具有一定的演讲才能，从某种意义上说，盲童的教师既是导演，又是演员，学习韵律体操都是要靠教师的嘴巴展示给盲童们“看”。最后，要鼓励盲童去大胆地想象和创造，不必拘泥于教材或者固定套路，鼓励盲童进行个性的发挥，展现出他们理解的音乐和动作，并及时给予肯定和赞美。

（三）正确处理“主导”与“主体”之间的关系

与健全学生不同，盲童认识周围的世界主要靠的是听觉、触觉，他们借助声音来认识和感知周围的一切，以“听”代“看”，这是盲童学习的最大特点。在韵律体操的教学过程中，如果盲童长时间的以听代看，缺少直观模仿，动作往往不容易掌握，甚至出现一定偏差，精力也不能保持集中。如果教师主导作用越位，盲童主体意识就会丧失，形成了这样的现象：高强度的“听”导致盲童十分疲倦，最终注意力分散使得教学效果降低，盲童就会失去学习韵律体操的兴趣。所以，就要求教师必须敏锐地捕捉反馈信息，正确选择教授的内容、方式和方法，利用优美的音乐激发兴趣，调动盲童学习的主动性。在教学中，要始终保持镇定自若的心态，充满自信，还要有随机应变的能力，切勿因紧张乱了阵脚，

功亏一篑。一旦出现意外情况，教师应能“牵引”“过渡”，迁移转化而不留痕迹。切忌喜怒于色、大肆发挥，因某一个盲童的个别问题而影响全体学生的整体的教与学，对个别问题切忌“穷追猛打”。因为盲童的心理比较敏感，心理承受能力相对健全儿童差，教师采取的教学态度和教学方式与学生的学习积极性有很大关联，所以教师要特别注意采取合适的教学态度和教学方式，避免教学效果适得其反。

（四）丰富的教学语言

教学语言质量的高低决定着知识的接受、转化、再生、创造、运用的效度。应过好四关：一是节奏关，教师要注重轻重缓急、抑扬顿挫的语调变速，把重要内容的表达速度放慢或有意重复，以引起盲童的注意；二是提问关，教师经常提出一些答案不唯一、不固定的、有发散思维和创新思维空间的问题，培养盲童的创新意识和创新精神；三是悬念关，正确把握盲童现有的语言水平，突出语言的形象性，充满激情、充满智慧、准确鲜明、流利的富有启迪性而又“富有挑战性”的语言，不自觉地会对盲童产生一定的积极影响，这样才能较好地调动盲童的情绪，使之积极参与学习；四是艺术关，语言有无艺术性是相当重要的，甚至可以说，它是决定我们教学成败的关键，是变“要盲童学、盲童苦学”为“盲童要学、盲童乐学”的一把“金钥匙”。

盲校体育教学中，教师从科学的角度上用简练语言艺术性表述动作，表述得越符合具体形象，教学效果就会越好。体育教学语言的四大原则：科学性原则、艺术性原则、形象性原则、简练性原则。

1. 科学性原则

教师在教学中运用语言时要根据不同的体操动作，不同年级的学生，使用不同的教学语言而且还必须是科学的语言，科学的语言有其特定的含义：第一，必须反映客观事物的本质；第二，能说明客观事物的规律性；第三，不同运动项目的术语在引用时不能任意改变其原意。

2. 艺术性原则

盲校体育教师的语言表达能力，对完成体育教学有着十分重要的作用，在教学中，教学语言的艺术性主要体现在语言的启发性和趣味性两个方面，如果教师能用风趣的语言吸引学生，使学生的积极性提高，课堂气氛活跃，这样教学效果自然就好了。

3. 形象性原则

形象性原则是指使学生通过多种感觉器官去感知事物，获得直接经验和感性认识，为掌握体育知识、技能奠定基础。体育教学的直观包括视觉直观、听觉直观、触觉直观 。在盲校有一部分学生是低视力，他们可以借助剩余视力来观察动作，加上教师语言的讲解可以了解动作的大体，但是动作的细节需要教师用重复语言提醒与纠正，甚至让学生触摸教师动作。有一部分全盲生后天失明，教师讲出他们已有的概念，他们可以借助以前的印象记忆来理解和学习动作。还有一部分全盲生是先天失明的，他们对事物从来没有具体印象。所以他们很少能理解事物的具体形象，这时需要让学生先了解简单的动作，通过触摸习得简单动作概念，进而学习复杂动作。

4. 简练性原则

在体育教学中，教师的讲解应力求准确简练，抓住关键，生动形象，深入浅出，逻辑性强，并力求声调抑扬顿挫，丰富有趣，快慢适中，这样才能使讲解具有感染力，才能引起学生丰富的想象，有助于发散思维和形成正确的技术概念。同样道理，在盲校的韵律体操教学中也要注意语言的简练性，教师讲解得太多，学生接受太多信息反而迷惑和不知所措，甚至所做的动作出现多样化和复杂化。所以韵律体操课的讲解要简约而不能繁杂。

综上所述，如何进行盲校教学改革，很难用有限的篇幅说清说透。只有在教学实践中联系社会生活、科学选取素材，进行学科知识渗透，实现教学内容、教学形式的开放；进行课内外、校内外结合，通过多种媒体，多渠道获取信息，对盲童进行一些研究性、探索性学习活动等方面的改革，就一定会使自己的课堂教学达到高层次的境界。

五、盲童韵律体操的场地、设施要求及辅助器械

由于盲童主要是通过听觉了解音乐，通过触觉及平衡觉来感知方位，在学习韵律体操需要选择相对封闭、安静空旷且有明显地面方位标志的场所，因此，设立一个体操房用于盲童的韵律体操教学是很有必要的。体操房的内墙四周必须包裹着一层保护层（可以用海绵），规格至少是 2 米高 10 厘米厚，用于所有转角或物体（特别是有棱角的地方）。盲童练习场所一般不鼓励采用练功房用的把杆，可以采用活动式的连杆，或在室外墙壁安装扶杆。室内的地面铺设软地毯，或选择环保、结实、防滑的材料。体操房最好不要放置上课不使用的练习器械，可另外设置一个器械库房用以存放训练器械。盲人训练器械除了体操垫、折叠海绵垫、体操凳等，还应包括三角板、平衡训练桥、力量练习器、背部矫正器等物品。同时，要善于利用器械让盲童感知自身及同伴的位置，例如：在进行集体练习时，可让两位盲童一组，一起使用体操棒、橡皮筋进行练习，或者在手上及手持的器械上可以加上小铃铛来帮助盲童感知方位，了解同伴的位置。

六、组合范例

（一）运动模仿操

盲童运动模仿操是盲校体育教师针对盲童的身心特点和学习要求而创编的，根据现代盲童的学习能力和审美要求，本操在尽量保持传统广播操的基本特点的基础上，吸收了其他运动项目和舞蹈的风格特点，将一些盲童可能从事的运动进行模仿编排，形成一套可供儿童学习的动作套路。本操的音乐节奏明快、动作舒展大方，动作频率由慢至快，有多种方位和脚步移动变化，体现新时期盲童青春年华的多姿多彩和勃勃生机。

第一节：准备运动（四个八拍）

预备姿势：立正

第一、二个八拍：

（左脚先起）踏步，同时曲臂摆动。

第三个八拍：

1—：左脚踏步，两手前平举，掌心向下，眼看前方；

2—：右脚踏步，两手保持前平举，掌心向下，眼看前方；

3—：左脚踏步，两手上举，掌心相对，抬头；

4—：右脚踏步，两手保持上举，掌心相对，抬头；

5—：左脚踏步，两手侧平举，掌心向下，眼看前方；

6—：右脚踏步，两手保持侧平举，掌心向下，眼看前方；

7—：左脚踏步，两手放下；

8—：右脚踏步，两手保持立正姿势。

第四个八拍：

1—4：踏步，同时曲臂摆动；

5—：双手叉腰，双膝半屈；

6—：双手叉腰，腿直立；

7—8：同5—6。

第二节：游泳运动（四个八拍）

预备姿势：立正

第一个八拍（蛙泳）：

1—：并腿，两腿微屈，体前屈45度，两臂前平举，同时低头（呼气）；

2—：两腿直立，抬直上体。两臂从体前向两侧划水，双手收于胸前夹肘合掌，同时抬头（吸气）；

3—：双手向前伸直，动作同1（呼气）。（做2和3动作时手部运动路线呈反心型）；

4—：同2—；

5—7：同1—3；

8—：同2—。

第二个八拍（自由泳）：

1—2：并腿，两腿微屈，体前屈45度，两臂前平举，同时低头。右臂前平举，左臂由前经体侧直臂向后再往上，最后向前作划水动作，左手压在右手上，同时头向左转，吸气。

3—4：并腿，两腿微屈，45度，两臂前平举，同时低头。左臂前平举，右臂经身体右侧直臂向后再住上，最后向前作划水动作，左手压在右手上，同时头不动，吸气。

5—6：同1—2。

7—8：同3—4。

8—：立正。

第三个八拍同第一个八拍。

第四个八拍同第二个八拍。

第三节：划船运动（四个八拍）

预备姿势：立正

第一个八拍：

1—：两手握拳直臂前平举，拳心向下，左腿向前一步；

2—：两手握拳屈臂后振，成胸前平举状，左腿成弓步；

3—：还原成1—；

4—：收腿，两手放下成立正；

5—8：同1—4，右腿弓步，动作相同。

第二个八拍：

1一：两手前上举，左脚后退半步，面向前方；

2一：身体左转，两手后摆至后下方，掌心向下；

3一：还原成1一

4一：收腿，两手放下成立正；

5—8：动作同1—4，但方向相反。

第三个八拍同第一个八拍。

第四个八拍同第二个八拍。

第四节：起跑运动（四个八拍）

预备姿势：立正

第一个八拍：

1一：两手成八字直臂撑地，与肩同宽。同时左腿后退一步，右腿屈膝全蹲成跪撑，膝盖置于右脚弓内侧处；

2一：臀部抬起高于肩，两脚用力蹬地，两腿微屈，眼看前方；

3一：左腿向前迈一步成弓步，右手半握拳曲臂前摆至下巴同高位置，左手半握拳曲臂后摆腰间；

4一：还原立正；

5—8：动作同1—4，方向相反。

第二、三、四个八拍同第一个八拍

第五节：铅球运动（四个八拍）

预备姿势：立正

第一个八拍：

1一：左脚向后退一步，身体左转90度，右侧对投掷方向。左臂上举，左臂屈肘与肩平，右手成掌放于颈左侧，掌心向上；

2一：上体向右摆一次；

3一：上体向右转，同时左臂向前方推掌，右臂下摆至后下方。两腿蹬直，重心在前脚，后脚跟提起，两脚尖向前；

4一：手放下，收腿，立定；

5—8：动作同1—4，方向相反。

第二个八拍同第一个八拍，动作相同，但方向相反。

第三、四个八拍同第一、二个八拍。

第六节：滑冰运动（四个八拍）

预备姿势：立正

第一个八拍：

1一：左手握右手腕于体后，同时左腿向左后侧伸直，脚尖点地，右腿屈，体前倾45度，面向左前方，头左转；

2一：还原立正，左手握右手腕不变；

3一：动作同1一，但方向相反；

4一：还原立正，左手握右手腕不变；

5一：腿部动作同1一，左臂屈肘摆至头前方，右臂向后上方高摆，抬头；

6一：还原立正；

7一：同5一，但动作相反；

8一：还原立正。

第二、三、四个八拍同第一个八拍。

第七节：门球动作（四个八拍）

预备姿势：立正

第一个八拍：

1一：双手前平举，掌心相对；

2一：左脚向后退一步，身体从左转向后方，同时双手经体前摆至后方平举，摆臂时腿稍曲；

3一：还原成1一，双手摆臂经体前时腿稍屈；

4一：手放下，立正；

5一8：拍换左手左脚。

第二个八拍：

1一：左脚后退半步，两臂侧平举，掌心向下；

2一：右腿屈膝全蹲，左腿后退一步成跪撑，膝盖置于右脚弓左侧处，两手摆至侧下方；

3一：还原成1一；

4一：还原成立正；

5一8动作同1一4，方向相反。

第三、四个八拍同第一、二个八拍。

第八节：举重运动（四个八拍）

预备姿势：立正

第一个八拍：

1一：左脚向左一步，体前屈，同时两臂下垂，握拳；

2一：两脚半蹲，屈臂握拳置于肩部成挺举姿势，上体直立；

3一：两腿直立，两手上举伸直同时喊“嘿”；

4一：还原立正；

5一8：同1一4，动作相同，方向相反。

第二、三、四个八拍同第一个八拍。

第九节：跳绳运动（四个八拍）

预备姿势：立正

第一个八拍：

1一8：曲臂夹肘，前臂外张，前臂以肘关节为轴绕环，双脚直腿并跳（每跳一次绕环一次）；

第二个八拍同第一个八拍；

第三个八拍两手叉腰，原地左脚单腿跳，一拍一跳；

第四个八拍同第二个八拍，但方向相反。

第十节：放松运动（四个八拍）
预备姿势：立正
第一个八拍：
1—4：边踏步边拍掌（四次）向前对齐；
5—：两手叉腰，左脚前出，勾脚尖，脚跟点地；
6—：两手叉腰，并左脚于右脚旁；
7—：两手叉腰，左脚前出，勾脚尖，脚跟点地；
8—：两手放下，立正。
第二个八拍：
1—2：踏步，两手前平举，掌心向下，眼看前方；
3—4：踏步，两手上举，掌心相对，抬头；
5—6：踏步，两手侧平举，掌心向下，眼看前方；
7—8：踏步，两手放下。
第三、四个八拍：
（左脚先起）踏步，同时曲臂摆动。

（二）篮球操

盲童篮球操主要是根据盲童的触觉、本体感觉和听觉的优势，结合普通篮球操的动作特点，将一些盲童可以掌握的动作编排成一套可供学生学习和表演的韵律体操动作。在音乐选择上可以选择喜爱的、动感十足的音乐，如本操选用了如零点乐队的《相信自己》。

预备节：（4个八拍）
双手曲肘持球于胸前，两脚随节奏做起踵动作。
第一节：左右手拨球（4个八拍）
第一个八拍：
1—：右手持球用手腕的力量将球拨给左手；
2—：左手接球后用手腕的力量将球拨给右手；
3—4：同1—2；
5—8：同1—4。
第二至四个八拍同第一个八拍。
第二节：伸展运动（4个八拍）
预备姿势：立正，双手曲肘持球于胸前。
第一个八拍：
1—：双手持球经体前向上举；
2—：双手持球经体前向下；
3—8：同1—2。
第二个八拍：
1—：左脚前点地，双手持球体前上举；
2—：左脚还原立正姿势，双手持球经前向下；
3—：右脚前点地，双手持球体前上举；

4一：右脚还原立正姿势，双手持球经前向下；
5—8：同1—4。
第三至四个八拍同第一至二个八拍。

第三节：体转运动（4个八拍）

预备姿势：立正，双手曲肘持球于胸前。
第一个八拍：
1一：左脚向左侧一步开立，双手持球于胸前。身体向左转90度；
2一：两臂持球伸直前平举，眼睛看球；
3一：还原成1一；
4一：还原成预备姿势；
5—8：同1—4。
第二至四个八拍同第一个八拍。

第四节：上肢运动（4个八拍）

预备姿势：立正，双手曲肘持球于胸前。
第一个八拍：
1一：双手持球由体前向前伸直；
2一：双手持球收回胸前；
3—8：同1—2。
第二个八拍：
1一：左脚前点地，双手持球由体前向前伸直；
2一：左脚还原成立正姿势，双手持球收回胸前；
3—8：同1—2。
第三至四个八拍同第一至二个八拍。

第五节：体侧运动（4个八拍）

预备姿势：立正，双手曲肘持球于胸前。
第一个八拍：
1一：左脚向左侧一步，双手持球上举；
2一：上体左侧屈45度；
3一：还原成1一；
4一：还原成基本姿势；
5—8：同1—4。
第二至四个八拍同第一个八拍。

第六节：头上绕球（4个八拍）

预备姿势：立正，双手曲肘持球与胸前。
第一个八拍：
1一：右手持球头上由右向后绕将球交给左手；
2一：左手接球后由左向前绕，将球交给右手；
3—8：同1—2。
第二至四个八拍同第一个八拍。

第七节：腰间绕球（4个八拍）

预备姿势：立正，双手曲肘持球与胸前。

第一个八拍：

1—：右手持球由腰间右侧向后绕将球交给左手；

2—：左手接球后由左向前绕将球交给右手；

3—8：同1—2。

第二至四个八拍同第一个八拍。

第八节：膝下绕球（4个八拍）

预备姿势：立正，双手曲肘持球与胸前。

第一个八拍：

1—：两腿并拢屈膝右手持球从右侧小腿向后绕将球交给左手；

2—：左手接球后由左向前绕，将球交给右手；

3—8：同1—2。

第二至四个八拍同第一个八拍。

第九节：全身绕球（4个八拍）

预备姿势：立正，双手曲肘持球与胸前。

第一个八拍：

1—：双手持球头上由右向后到左绕一周；

2—：右手持球将球从右侧转向后传给左手；

3—：左手接球后持球于体前，传给右手；

4—：右手接球后持球从右腿向后传给左手；

5—8：同1—4。

第二至四个八拍同第一个八拍。

第十节：踢腿运动（4个八拍）

预备姿势：立正，双手曲肘持球与胸前。

第一个八拍：

1—：右腿抬起，右手持球从外侧向胯下传球给左手，放下右腿；

2—：左腿抬起，左手接球后，从外侧向胯下传球给右手，放下左腿；

3—8：同1—2。

第二至四个八拍同第一个八拍。

第十一节：单脚绕球（8个八拍）

预备姿势：立正，双手曲肘持球与胸前。

第一个八拍：

1—：右脚向右横跨一步屈膝半蹲，上体保持正直，右手持球从右小腿外侧由后向前绕，将球传给左手；

2—：左手接球由右小腿前传给右手；

3—8：同1—2。

第二至八个八拍同第一个八拍。

第十二节：双手运球（4个八拍）

预备姿势：立正，双手曲肘持球与胸前。

第一个八拍：

1—：两脚左右分开，马步站立，右手将球运给左手；

2—：左手将球运给右手；

3—8：同1—2。

第二至四个八拍同第一个八拍。

第十三节：体侧运球（8个八拍）

预备姿势：立正，双手曲肘持球与胸前。

第一个八拍：

1—：左弓步站立，右手体侧运球，左手前屈，做保护球的姿势，运球一次。

2—8：同1—。

第二个八拍动作同第一个八拍，左手运球。

第三至八个八拍同第一至二个八拍。

第六章　智障儿童韵律体操

第一节　智障儿童概述

一、智力障碍的基本内容及特点

（一）智力障碍概念的演变

智力障碍，也称智力残疾、智力低下、精神发育迟滞、智力落后、智能障碍等。目前在《国际疾病分类》第十版（International Classification of Diseases，tenth version，ICD-10）和《精神疾病诊断与统计手册》第四版（Diagnostics and Statistical Manual of Mental Disorders，DSM-IV）中都使用“mental retardation”（简称 MR）。在英国也曾使用“MR”，但目前在英国教育界使用较多地使用是比较中性的术语“1earning disabilities”。英国法律界使用“mental impairment”，教育界使用“1earning difficulties”，美国、加拿大与澳大利亚则采用 developmental disabilities 及 intellectual disabilities。随着对智力障碍认识的不断深入，人们在对概念的思考与理解上也发生了很大的变化。

1. 第一阶段：医学与统计模式

在这个阶段，人们对于智力障碍概念的理解主要建立在医学及残疾统计模式之上的。医学模式着眼于病理学，将智力障碍看作病理症状的表现，而统计模式则着眼于将个体智力水平同群体常模相比较，用标准化的智商分数界定智力障碍的程度。20 世纪之前，人们将智力障碍群体称之为“白痴”（idiot），idiot 一词源自拉丁语 idiota，意即无知，该词亦源于希腊文 idiotos，表示不能适应公共生活。在 16 世纪，人们将白痴描述为“不会数数，不能计算，不知道谁是自己的父母，不知道自己的年龄，不理解自己的得失”。自 19 世纪开始，人们开始思考白痴的成因，并尝试对白痴者进行教育，当时人们普遍认为白痴是一种机体的器质性缺陷，即人的神经系统或生物化学方面出现了异常。智力障碍教育的创始人之一塞甘（E. Seguin，1812—1880）认为，白痴是大脑中枢神经系统紊乱的结果。1878 年，美国成立了第一个关于智力障碍的专门组织——美国白痴与低能医疗机构人员学会（Association of Medical Officers of American Institutions for Idiotic and Feeble minded Person)。20 世纪初，人们认识到智力障碍是一种心智的缺失，且这种心智的缺失与中枢神经系统的发展障碍或是疾病有关。除此之外，人们也意识到智力障碍有程度上的不同，这个时期使用的概念为智力落后或智力低下（mental deficiency)。1908 年，英国学者特雷德戈尔德（A. F. Tredgold）将智力障碍定义为“一种自出生或幼年起，由于中枢发育不完善而产生的一种状态，其后果是个体无法承担其作为一名社会成员所应尽的职责”。1904 年，心理学家比纳（A. Binet）受法国教育部的委托，与来自心理、教育、医学等领域的专家们一起研究公立学校中的智力障碍问题。他与助手西蒙（T. simon）于 1905 年发表了世界上第一个智力测验。随着智力测验的普及，以智力测验分数判定智力障碍的方法开始流行起来。1906 年，“美国白痴与低能医疗机构人员学会”更名为“美国低能研究学会”（American Association for the study of the Feeble minded)。

1921 年，美国低能研究学会出版了《智力障碍术语与分类手册》，首次提出智力障碍的诊断和分类系统，“智力障碍”（mental retardation）这一术语得到更为广泛的使用。该手册以智商（intelligence quotient，IQ）分数为标准，将智力障碍按程度分为三个水平：①低能（moron，IQ＝50－75)；②愚钝（imbecile，IQ＝25－50)；③白痴（idiot，IQ＜25)。1933 年，“美国低能研究学会”更名为“美国智力缺陷学会”（American Association of Mental Deficiency，AAMD)。

2. 第二阶段：双重标准

1959 年，AAMD 为智力障碍的内涵赋予双重标准，在智力障碍的定义中，除智商外增加了适应行为，要求必须同时具有智商低和社会适应行为障碍这两个条件才能被诊断为智力障碍。自此，对智力障碍的判断均以智力发展的明显落后以及社会适应行为障碍作为两个重要的标准。1987 年，AAMD 更名为“美国智力障碍学会”（American Association of Mental retardation，AAMR)。

3. 第三阶段：支持模式

1992 年，AAMR 对智力障碍的定义突出显示了功能性的导向以及生态学的观点，强调能力（智力和适应行为)、环境以及支持系统之间的相互作用，突出了“支持模式”。2002 年，AAMR 对智力障碍的定义则保持了功能性和生态学的观点，并加入了对于智力障碍条件的多元化的理解，在认同之前所提出的根据支持强度分类的方式的同时，提出了多重分类系统并存的必要性与可能性。2006 年，美国智力障碍学会（AAMR）更名为美国智力与发展障碍学会（The American Association on Intellectual and Developmental Disabilities，AAIDD)，由此，智力障碍有了更为丰富的内涵。

（二）智力障碍的定义

1. 我国的定义

在我国残疾人分类体系中，智力障碍被称为“智力残疾”。中国残疾人联合会先后于 1987 年和 2006 年两次对智力残疾进行定义。

（1）1987 年，中国残疾人联合会发布的第一次全国残疾人抽样调查五类《残疾标准》中智力残疾定义如下：智力残疾，是指人的智力活动能力明显低于一般人的水平，并显示出适应行为的障碍。智力残疾包括：在智力发育期间（18 岁之前)，由于各种有害因素导致的精神发育不全或智力迟缓；智力发育成熟以后，由于各种有害因素导致的智力损害或老年期的智力明显衰退。

(2) 2006年，中国残疾人联合会发布的第二次全国残疾人抽样调查使用的残疾标准中对智力残疾的定义是：智力残疾，是指智力明显低于一般人水平，并伴有适应行为的障碍。此类残疾是由于神经系统结构、功能障碍，使个体活动和参与受到限制，需要环境提供全面、广泛、有限和间歇的支持。智力残疾包括：在智力发育期间（18岁之前），由于各种有害因素导致的精神发育不全或智力迟滞，或者智力发育成熟以后，由于各种有害因素导致智力损害或智力明显衰退。

这个定义的确定是以2001年5月第54届世界卫生大会通过的《国际功能、残疾和健康分类》（International Classification of Functioning, Disability and Health, ICF）为基础，同时兼顾与1987年“智力残疾”定义的延续性，并与AAMR、DSM-IV以及ICD-10相接轨。

2. 美国的定义

美国智力障碍学会自1921年第一次提出智力障碍的诊断和分类系统后，分别在1933—2002年先后进行九次修订。以下分别介绍AAMR 1983和2002年对智力障碍所作的定义。

(1) AAMD (1983) 第八版的定义：智力障碍是指一般的智力功能明显低于平均水平，同时存在适应行为方面的障碍，并发生在发育时期。

(2) AAMR (2002) 第十版的定义：智力障碍是一种障碍，其特征是在智力功能以及适应性行为两个方面有显著限制。其表现在概念性、社会性和实践性适应技能方面的落后，且障碍发生在18岁以前。

该定义的含义是：①智力障碍是一种障碍；②智力障碍意味着在智力功能上有显著限制，具体表现为，使用适当的智力测验工具进行评估时，其智商低于均数（M）两个标准差（SD）以上；③在适应行为方面有显著限制，具体表现在概念性（conceptual skills）、社会性（social skills）以及实践性技能（practical skills）方面的限制；④障碍发生在18岁以前。该定义从以下五个方面对智力障碍进行了表述：智能；适应技能（概念的、实践的、社会的技能）；参与、互动和社会角色；身体健康、心理健康和病因学；相关背景（环境、文化和机会）。

2002年定义系统的理论模式中保留了1992年定义系统中的“支持”和“功能”这两个核心概念，更加强调从五个方面对智力障碍者提供支持以实现“个人功能”。由此，可以看到1992系统与2002系统之间的内在连续性，即“支持”与“功能”的取向。

（三）智力障碍定义使用的注意事项

智力障碍定义的使用需要考虑以下几点。①当前功能的限制必须在一定社会环境和文化中考察，而不是离开其所处环境和文化割裂地评定，应以个体同龄伙伴作为参照对象。②评估应当考虑文化和语言的多元性以及在沟通、感知、运动和行为方面的个别差异，兼顾个体多样性及其独特反应。③在同一个体内部，局限往往与优势共存。智力障碍人群是一个特殊的群体，他们某些方面表现为智力障碍，但同时也可能具备一些独立于其智力障碍的能力，表现在某些适应技能领域或某项适应技能的某一方面。④对个体的不足进行描述的主要目的是建立个体所需的支持方案。⑤通过一个阶段适当的、有针对性的支持，智力障碍者的生活功能通常会得到改善。

（四）智力障碍分类

关于智力障碍的分类有多种不同的方法，通常采用的分类方法有两种：按智力受损程度分类以及按支持程度分类。

1. 按智力受损程度的分类

世界卫生组织和联合国统计署将 ICF 推荐为国际社会残疾调查与统计的标准。中国残疾人联合会第二次全国残疾人抽样调查残疾标准运用 ICF 的理论模式、分类与编码系统，建立了新的残疾分类、分级和编码系统。

（1）我国的分类。

中国残疾人联合会第二次全国残疾人抽样调查使用的分类标准见表 6—1。

表 6—1　智力障碍的分级标准

级别	分级标准			
	发展商（DQ）0～6 岁	智商（IQ）7 岁以上	适应行为（AB）	WHO－DAS 分值
一级	≤25	＜20	极重度	≥116 分
二级	26～39	20～34	重度	106～115 分
三级	40～54	35～49	中度	96～105 分
四级	55～75	50～69	轻度	52～95 分

注：表中 WHO－DAS 只用于残疾人活动与参与评定，不作为智力残疾分级的依据。

（2）根据 ICF 的分类。

按照 ICF 框架，健康状态可划分为三个部分：身体功能和结构、活动和参与、环境和支持。根据 ICF 各项指标，对各级别智力障碍的分类见表 6—2。

表 6—2　按 ICF 对智力障碍进行的分类

	身体功能和结构	活动和参与	环境和支持
智力障碍一级	身体结构：严重的神经系统损伤 身体功能：几乎没有智力功能和计算与推理能力，注意力、记忆力和方向定位能力极度丧失	自理和家庭生活：不能洗漱、穿衣、上厕所、独立生活数日、购物和家务劳动，进食困难，需有人长期照料与监护 活动：不能外出、使用交通工具，在家里移动有困难，手的灵活性极度丧失，举起和移动物体极度困难 理解和交流：不能与人交谈，在接受语言、非语言信息上极度困难，说话和表达非语言信息极度困难 人际交往和人际关系：不能与关系亲密的人或陌生人相处；无法保持友谊，不能结交新朋友 教育、就业和社区活动：不能进行学校教育，在经济上无法实现自我供给，无社区活动和娱乐休闲	需要环境在自理、学习和社会参与等方面提供全面的支持，即所需要的支持服务是持久的而且需求度高。在各种环境中都需提供，而且可能为终身需要，这种支持服务通常比广泛的或有限的支持更有强制性，需要更多的人力来参与

续前表

	身体功能和结构	活动和参与	环境和支持
智力障碍二级	身体结构：重度的神经系统损伤 身体功能：智力功能和计算与推理能力很差，注意力和记忆力大部分丧失，方向定位很差	自理和家庭生活：不能独立生活数日和购物，洗漱和上厕所很困难，穿衣、家务劳动、进食困难，大多数人需他人照顾 活动：不能外出、使用交通工具，在家里移动有困难，手的灵活性很差，举起和移动物体困难 理解和交流：与人交谈困难，在接受语言、非语言信息上困难，说话和表达非语言信息困难 人际交往和人际关系：不能与陌生人相处，无法保持友谊，不能结交新朋友，与关系亲密的人相处困难 教育、就业和社区活动：进行学校教育困难；在经济上不能自我供给；无社区活动和娱乐休闲	需要环境在自理、学习和社会参与等方面提供广泛的支持，至少在某种环境（如在家中）有持续性、经常性（如每天）的需要，并且没有时间的限制。例如在居家生活中，在自理、活动、交流等方面都需他人的照顾或看护，很少能独立完成某项活动
智力障碍三级	身体结构：中度的神经系统损伤 身体功能：智力功能和计算与推理能力差，注意力和记忆力中度丧失，方向定位差	自理和家庭生活：独立生活数日、购物和家务劳动有困难，洗漱、上厕所、穿衣比较困难，进食无明显困难，在适当监护下可自理生活 活动：外出、使用交通工具比较困难，在家里移动和举起与移动物体无明显困难．手的灵活性比较差 理解和交流：与人交谈比较困难；在接受语言、非语言信息上比较困难；说话和表达非语言信息较困难 人际交往和人际关系：与陌生人相处和保持友谊有困难，不能结交新朋友，与关系亲密的人相处无明显困难 教育、就业和社区活动：进行学校教育较困难，在经济上自我供给有困难，有简单的社去活动和娱乐休闲	需要环境在自理、学习和社会参与等方面提供有限的支持，即所需要的支持服务是经常性的、短时间的需求．但不是间歇性的（如短期的就业训练或是从学校到成人就业阶段衔接的支持）
智力障碍四级	身体结构：轻度的神经系统损伤 身体功能：智力功能和计算与推理能力比较差，注意力、记忆力和方向定位轻度丧失	自理和家庭生活：洗漱、进食、穿衣、上厕所正常，独立生活数日、购物和家务劳动无明显困难，个人生活自理上可以达到完全的独立 活动：能正常外出、在家里移动、举起和移动物体，手的灵活性比较正常，使用交通工具无明显困难 理解和交流：与人交谈无明显困难，在接受语言、非语言信息上无明显困难，说话和表达非语言信息无明显困难 人际交往和人际关系：与陌生人相处、保持友谊、结交新朋友无明显困难与关系亲密的人相处正常 教育、就业和社区活动：进行学校教育有一定困难；在经济上自我供给；社区活动和娱乐休闲无明显困难	需要环境在自理、学习和社会参与等方面提供间歇的支持，即以一种零星的、视需要而定的方式提供支持服务。如在进行活动，与他人选行交往和交流，在自理家庭生活以及工作中，通到特定困难时需要他人帮助，一般情况下都能独立完成

2. 按支持程度的分类

1992 年，AAMR 在对智力障碍定义修订的第九版中，提出了按个体所需要的支持程度加以分类，见表 6—3。

表 6—3　　AAMR（1992）按支持程度对智力障碍的分类

类别	支持程度
间歇的	所需要的支持服务是零星的、视需要而定的（如失业或生病时）
有限的	所需要的支持服务是经常性的、短时间的（如短期的就业训练或从学校到就业的衔接支持）
广泛的	至少在某种环境中有持续性的、经常性的需要，并且没有时间上的限制（如需要在工作中或居家生活中得到长期的支持服务）
全面的	所需要的支持服务是持久的且需求度高，在各种环境中都需要提供，并且可能为终身需要

（五）智障儿童的特点

1. 在感知方面

智障儿童在视觉、听觉、嗅觉、触觉等方面感受性差，感受范围狭窄，反应较迟钝。知觉恒常性差，缺乏迁移和泛化能力。所以，智障儿童韵律体操训练的进度较慢、每个训练单元的容量较小，且需反复训练。

2. 在运动方面

智障儿童的动作发育大多比健全儿童滞后，动作笨拙、精细程度低、协调性差。所以，在进行韵律体操训练时，要考虑他们的动作特点，训练项目中的动作类型由易到难、运动器官由少到多，且有意识开展针对他们的肌力、关节活动度及动作协调性方面的训练。

3. 在注意力方面

智障儿童注意力的集中性、广度、分配及转移大多比健全儿童差，常出现顾此失彼的现象。所以，在进行智障儿童韵律体操训练时，训练人员须经常提醒儿童关注示范或当下的操作项目，项目间衔接和转换要慢，往往需要言语提示及动作引导。

4. 在思维方面

智障儿童的表象能力差，思维多停留在形象思维阶段，分析、综合等抽象概括能力欠缺。

5. 在记忆方面

智障儿童的记忆缺乏目的性、速度缓慢、容量小、难以保持、再现困难。故针对智障儿童的教育及韵律体操训练须考虑训练内容的密度、进度以及巩固练习的次数等。训练活动中训练指令和要求不能太多，忌讳多个指令连续呈现。

6. 在言语语言方面

智障儿童言语语言发育迟缓，常伴随口吃、构音不清晰以及语义理解困难等问题。故智障儿童的韵律体操训练还需要介入言语语言的训练。训练人员在训练中的指导语要简洁明了、语速要慢，并及时辅以相应的手势或支持性动作，帮助他们理解语义。

7. 在意志品质方面

智障儿童可能存在能量代谢水平低或意志薄弱的问题，在教育及训练活动中容易出现疲劳，做事缺乏坚持性。为此，针对该类儿童的训练需要合理安排训练和间歇性休息的比例，及时调整训练形式、控制好重复练习次数以及合理使用强化物等。提高训练兴趣，降低训练疲劳。

对于专业训练人员而言，要开展针对智障儿童的韵律体操训练工作，尚需系统学习相关专业知识，全面、深入理解智障儿童心理、行为特点及生长发育规律，掌握必要的教育教学技术、行为干预及支持技术和儿童康复训练技术。

第二节　智障儿童韵律体操的编排与音乐选择

一、智障儿童韵律体操动作的特点

（一）注重优美和健身效果

智障儿童韵律体操成套动作，其主要目的是通过韵律体操动作锻炼身体、增强体质，使内脏器官、神经系统的机能得到改善，使各项身体素质得到增长，使不正确的身体姿势得到纠正。在动作中体验形体美、动作美、音乐美，树立正确的审美观；在动作中陶冶情操，进入愉快、积极向上的精神状态，达到愉悦身心的效果。因此，所选的动作要充分体现健身、健美、娱乐的功能，要考虑面向特殊儿童群体，应注重可接受性和运动量的合理性，以求达到最佳健身效果。

（二）因地制宜的特点

智障儿童韵律体操可徒手或持轻器械练习，也可自制简易轻器械进行练习，还可利用室内外的环境设施灵活设计各种地板操、椅子操、扶把练习或利用台阶进行的练习，采用各种方法均可达到锻炼目的。

（三）简单易学，便于掌握

韵律体操健身动作技术简单，对练习者身体素质和运动能力的要求不同，智障儿童在经过一段时间的学习和训练一般都能学会。根据少年儿童的心理和生理特征，教师应选择一些自然活泼、轻松愉快、节奏鲜明、富有教育意义的模仿性动作。

二、智障儿童韵律体操成套动作的编排原则

要创编一套具有科学性、易于智障儿童学习和掌握的韵律体操动作，必须把控以下原则。

（一）以儿童为中心原则

儿童的生长发育是一个阶段性的连续发展过程，不同儿童的发展存在着巨大的差异

性。但是，儿童的生长发育在总体上又遵循着一定的规律，一般符合正态分布，各个系统器官的发育也统一协调。因而在智障儿童韵律体操教学过程中，要尊重健全儿童群体生长发育基本规律，同时考虑智障儿童的个体差异性，循序渐进开展有针对性的训练。

在教学过程中，儿童是训练主体，是训练活动的主宰。尊重儿童在练习中的主体地位是调动儿童积极性的根本。当然，强调儿童的主体地位并不是忽视教师的作用。教师的主导作用仍然非常重要，因此，在对智障儿童进行韵律体操授课之前，整个课程的规划、教学的总体方案、练习情境、操作示范、评价反馈、提示启发、突发事件预案等都要详细进行设计。

（二）针对性原则

每个儿童是独特的，特殊儿童又是异质性很高的群体，难以用一套标准的方案应对所有具有智力障碍的儿童。在教学过程中要充分考虑儿童个体因素，针对儿童的发展现状、学习能力和兴趣爱好及个性特点等，设计出充分负载儿童个体差异性的方案，提高训练的针对性和有效性。

（三）兴趣性原则

在针对儿童的一切教育或练习活动，都特别强调“兴趣”问题，兴趣是最好的老师。因为只有儿童的积极参与才能确保韵律体操教学取得成效。如果智障儿童对教学过程中的某些环节一时做不到，教师要耐心引导，让他们逐步掌握各项技能，变被动练习为主动参与，提高儿童对技能的把握能力，体味运动的快乐。通过一段时间的训练，当儿童感受到身体各部位的相互协调能力在改善，接受能力在增强时，就会对韵律体操充满兴趣、自信和期待。

（四）快乐性原则

在快乐中活动或活动带给人们快乐，是人参与各种活动的本能趋向，儿童表现得尤为突出，让儿童在学习中感受快乐是教学过程的重要原则。智障儿童在练习中能否收获快乐很大程度上取决于练习项目的趣味性，为此，教学过程中的操作规则、操作方式及难度要符合智障儿童心理及感知、动作特点。如果他们参与的练习项目不符合智障儿童的身心特点，就会给他们带来挫折、痛苦，就会拒绝该项目的后续练习，甚至产生排斥或恐惧。

（五）成功原则

同任何教育或干预一样，获得成功是训练的目的。在练习中，成功表现为三个方面：成功完成练习项目、积累成功的经验和沉积积极的心理体验。其中，前者是后两者的基础，后两者又是智障儿童完成更富有挑战性项目的内在驱动力，是其练习呈现主动性、坚持性和创造性的根本。练习获得成功将对老师及智障儿童家长产生直接影响。如果儿童每次练习收获成功，那么老师和家长就会收获信心和希望，会更好地坚持正确的做法，改进不足的方面，筹划后续的工作等。

当然，针对各类智障儿童在韵律体操练习中，总会有一些儿童因为伴有较为严重的行为、认知障碍等因素，使得成功原则在练习中难以体现。有的虽经过艰苦的练习却没有取得明显的成效甚至无效，有的难以组织简单的练习活动。这些情况在特殊儿童的教育活动、练习等各种干预领域中不可避免。

三、智障儿童韵律体操音乐选配的原则及依据

智障儿童韵律体操可选择节奏鲜明强劲，旋律悦耳动听，热情奔放的音乐，充分调动他们主动参与练习的欲望。音乐多取迪斯科、爵士、摇滚等现代音乐和具有上述特点的民族乐曲，这使韵律体操更能体现出一种鲜明的现代韵律感。要充分发挥其效用，除按要求完成动作之外，还必须配合相应的音乐，其音乐的特点应体现在以下几个方面。

（一）音乐节奏鲜明强劲、清晰有力

音乐节奏的快慢和强弱、音调的优美和谐，关系到动作的快慢、力度的大小、动作的高低起伏及运动负荷的大小等。音乐是韵律体操练习的口令，是动作的节拍。在乐曲中周期性出现的节奏系列，包括二拍、三拍或复合成 4 到 8 拍等，其中一拍为强，其余为次强或弱。强拍和弱拍反复出现而形成有规律的、强弱交替的、富有感情色彩的旋律表现。因此，韵律体操的动作节奏与音乐的节奏必须相吻合才能协调一致。音乐节奏清晰能使智障儿童分辨强、弱的节拍交替，使动作的力度效果更强烈地反映出来。

（二）音乐旋律优美、热情奔放、健康向上

韵律体操音乐不仅是完成动作的节奏和节拍，而且还应具有欣赏价值，要有陶冶美的情操、提高美的欣赏能力的作用。因此，它的旋律应是轻快、优美或浑厚、沉稳、热情、奔放的，而不应是哀怨、消沉、伤感的。健康、活泼的音乐曲调能振奋精神、消除身心紧张和疲劳，能提高练习的效果和欣赏价值，更能激发智障儿童参与练习的欲望，使其获得心理和生理上的平衡。

（三）音乐韵律此起彼伏、颇具感染力

动作和音乐旋律协调一致，就会感染智障儿童的情绪，能给他们带来愉快和美的享受，可以延缓疲劳的出现，达到健身和陶冶情操的目的。此外，感染力强的音乐与优美的动作的有机结合，对人的视觉和听觉系统产生一定的刺激作用，能引起强烈的情绪共鸣，给儿童以艺术和美的享受。

第三节　智障儿童韵律体操的教学

一、智障儿童韵律体操的教学与指导

由于智障的残疾种类和程度不同，参加体育活动的内容和方法就必然存在一定的差异。因此，对智障儿童进行韵律体操教学时，除遵循一般体育教学原则外，还必须遵循一些特殊原则。

（一）渐进发展原则

智障儿童韵律体操学习的渐进发展原则主要表现在：练习难度总体呈递增势态，由简

单到复杂。练习内容由单一动作发展到多个动作的整合练习，逐步提高受训儿童各感觉通道之间信息交流和统整，以及感觉与动作间的协调与反馈。练习的方式总体由被动和助动过渡到以主动练习为主体，使儿童在掌握正确操作要领和安全保护技能的基础上，逐步提高儿童参训的主动性。

（二）形象的原则

对智障儿童进行体育指导时必须借助形象化的教具，如实物、投影、电视等，帮助儿童加深对动作的感受和理解，使其集中注意力，提高儿童学习的兴趣和积极性，促进动作表象的形成。在教学时要认真进行形象化教具的选择，注意形象和语言的密切结合，把两个信号系统结合起来。

（三）补偿性原则

有计划有系统地补偿儿童的身心缺陷，促进其康复和适应社会生活。贯彻补偿性原则还要注意：①对儿童的身心缺陷状况应有较全面的了解，并在此基础上制定适合每个人特点的补偿和校正方案；②补偿和校正工作要贯穿于智力落后教育的始终，要有长期作战的思想准备，防止急躁情绪的产生。

（四）直观性原则

对语言沟通能力较弱的智障儿童来说，直观法或示范法是不可或缺的教学方法并要注意多利用直观教具，以矫正第一、二信号系统脱节现象。对智障儿童来说，使用强的视觉及听觉刺激会得到很好的效果。

（五）趣味性原则

在对智障儿童进行体育教学指导时，还要注意使其始终在欢乐的情绪中自我要求，在自我练习反馈中体验获得成功的内心喜悦，提高儿童练习的积极性和主动性，使他们通过努力能够获得成功，使其认识到自身的价值和尊严，并对他们取得的成功和进步要及时给予表扬和鼓励。

（六）情景性原则

采取多种教学手段，运用一切可能的教学条件，积极创设教学所需要的情景，并引导儿童参与其情景中，从而获得大量生动、形象的具体表象，在特定气氛的感染下获取最好的教学指导效果。

（七）安全锻炼原则

智障儿童参加体育锻炼的目的之一是要促进身体康复，进一步提高身体健康水平。如果不注意锻炼过程的安全问题，不仅不会达到上述目的，反而会造成新的疾患。所以，智障儿童参加韵律体操活动时，一定要注意预防新的运动创伤和疾病的出现，避免新的伤害事故的发生。进行体育教学和开展游戏的场地设施应是安全的，并加强运动中的安全保护和医务监督。

二、智障儿童韵律体操教学方法与手段

韵律体操教学方法指的是在教学过程中为了完成教学任务所用的措施和办法。正确地运用方法能够调动智障儿童学习的主动性、积极性和创造性，激发他们的学习兴趣和求知欲望。教学方法的选用是根据教学内容、教学任务、作业条件和儿童的实际情况来选定的。选用的教学方法是否正确，直接关系到教学效果的好坏和教学质量的高低。韵律体操教学方法很多，一般常用的方法有：讲解法、示范法、带领法、提示法、完整法与分解法、重复练习法等。

（一）讲解法

讲解法是韵律体操教师向儿童说明所学动作的名称、技术要点、做法及要求等，是韵律体操教学中运用语言的一种最主要、最普遍的形式。但面对理解能力有一定困难的智障儿童，教师在讲解时要力求少而精，抓住关键，尽可能使用术语和口诀，同时要善于用生动形象的语言唤起儿童学习情绪，使练习者听、看、想、练有机结合起来。

（二）示范法

示范法是韵律体操教师以自身完成的动作作为教学的动作范例，用以指导学生进行练习的方法，是韵律体操教师在教学中最常用的一种直观的方法。它可以使儿童了解所学动作的形象结构、技术要领和完成方法，便于他们建立正确的动作形象。采用此教法时应做到以下几点：①示范动作要准确、规范、轻松和优美；②要选择合适的示范位置；③示范要有明确的目的性；④示范与讲解相结合。

（三）带领法

带领法是由韵律体操教师或优秀学生带领全体学生进行韵律体操练习的一种方法，简单的韵律体操动作由教师在队伍前带领儿童做动作，便可以实现练习的目的。对于复杂的动作，由于儿童经常顾此失彼，记错或忘却，节与节之间的衔接经常难记清楚，这就需要教师在队伍前或最佳位置上采用背面示范或镜面示范带领儿童共同练习。采用此教法时应做到以下几点：①根据韵律体操动作需要选择正确带领的示范面；②在新授课上教师应经常采用背面示范带领儿童练习；③善于诸动作优美、成套动作熟练的儿童进行镜面或背面示范，带领全班学生进行练习；④采用镜面示范的比例应比背面示范高。

（四）提示法

提示法是教师以提示的方式指导学生进行练习的一种方法。提示可以是语言的，也可以用手势、眼神或表情等非语言形式来提示。语言提示法是指用简短的语言或口令以提示的方式指导学生进行练习的一种有效的教学方法，采用此教法时应做到以下几点：①要用正确、恰当、简练的语言或口令来提示动作的节奏，提醒动作的连续或评定动作的质量；②提示的语言或口令要有号召性和鼓励性；③提示的语言或口令要密切配合音乐的节奏；④在完成动作的同时，要对儿童的动作给予纠正和恰当的评定。

手势是身体语言的一种，手势提示法是在韵律体操教学中，教师运用各种手势指导学

生完成练习的方法。其特点是直观、简单、明了，有利于儿童连贯完成动作。手势提示方法主要运用于组合动作和成套动作的复习与巩固阶段。通过手势指导，提示儿童按顺序、方向、要点完成动作，保证他们能将整套动作连贯、完整地完成。运用手势提示法对应做到以下几点：①运用要果断，有明确的目的性；②要注意时机和效果；③结合眼神与表情，在易出现问题的地方，提前向学生发出准确信号，如击掌或口头提示，引起学生注意，然后给予手势提示。

（五）完整与分解法

完整法即对韵律体操的单个动作或成套动作完整地进行教学的方法。这种方法不破坏动作结构，不割裂动作各部分或动作之间的内在联系，所以掌握的速度比较快，但是这种方法仅适用于简单的动作或少节拍动作的教学。分解法是用于韵律体操单个的复杂动作、组合或成套动作的教学，它是把韵律体操中结构比较复杂的动作或组合及成套动作，按动作技术环节合理地分解成几个局部动作分别进行教学，最后达到全部掌握动作的方法。对于整套操，可以采用基本动作练习→单个动作练习→组合动作练习→整套动作练习这一进程依次进行，最终实现整套韵律体操教学的目的。用这种方法应注意时间不宜过久，同时应与完整法结合运用，以加深对智障儿童的记忆，利于动作表象的形成。

（六）重复练习法

重复练习法是有目的、有计划地多次重复练习单个动作、组合动作或成套动作的方法。重复练习法是学会、巩固和提高动作的重要方法。通常是指不改变动作的结构、按动作要领进行反复练习的方法。智障儿童的记忆缺乏目的性、速度缓慢、容量小、难以保持、再现困难，所以在学习韵律体操时，更要注意动作的反复重复的练习，采用此教法时应做到以下几点：①要防止错误动作的重复；②要掌握运动负荷；③要合理安排重复次数。

三、智障儿童韵律体操的设计、组织与实施

智障儿童的核心障碍及其伴随障碍成为针对他们韵律体操教学的重要变量，直接影响训练方案的设计、训练的组织实施的各个方面。所以，针对智障儿童的韵律体操教学在遵循该教学的一般原理及基本操作技术的基础上，需体现该群体的特殊性。

（一）训练目标

智障儿童韵律体操学习的主要目标是促进该类儿童各种身体机能的发展，提高感觉间以及感觉与动作间的协调性和统整能力，确保儿童较好地进行日常生活活动，并为提升其生存质量奠定基础。次要目标是增强他们的认知、言语与感觉、动作间的统整力和协调性，提高其学习文化知识、掌握职业技能以及适应社会的能力。

智障儿童韵律体操教学目标的制定既要考虑受训个体的感知、动作发展水平，也要考虑其认知、言语语言、沟通交流以及体格发育水平。有的智障儿童还可能伴随有心血管疾病、精神疾病以及情绪行为问题，这些因素在训练目标的制定上不得不考虑。对于能力较强、伴随障碍较少或不严重的个体可制定连续目标，否则需制定离散目标或在不同训练阶

段制定不同目标。

（二）训练内容

智障儿童韵律体操教学的内容涉及身体机能的各个领域，既有上肢动作、下肢动作训练，也有躯干动作能力训练。学龄前智障儿童的韵律体操以上肢动作能力训练为重心。学龄期智障儿童的训练须在上肢动作能力训练的基础上，不断增加感觉间以及感知觉与动作间的整合，动作与认知、言语的整合，根据儿童的障碍程度选择适合言语及认知内容的难度和密度，使大脑皮层的认知、言语以及行为执行调控区域获得丰富的、整体的有意义刺激，促进脑功能的进一步发展。

智障儿童的认知障碍及其他伴随障碍在影响韵律体操训练的内容、进程上程度有所不同。例如对于重度、极重度的智障儿童而言，他们的韵律体操训练可能长期在上肢动作能力训练上徘徊，其他认知、言语等内容的介入存在较大的困难，如果勉强介入这些内容可能会给韵律体操训练造成不同程度的干扰，影响训练活动的实施。

（三）训练组织实施

在日常开展的具体训练活动中，智障儿童韵律体操组织实施总体遵循韵律体操训练组织实施的一般做法，但仍有一些特殊要求。

1. 根据障碍程度处理好准备工作的独立性与支持性的关系

轻度智障儿童一般要求其训练前独立完成自身参训的各项准备工作，并形成习惯。中重度智障儿童或伴随有其他较为严重障碍的儿童，其自身的准备工作往往需要训练人员、训练辅助人员或家长的提示、协助甚至替代，他们在该项活动上要养成自觉、自主行为可能有一定的困难。训练人员需做好长期支持的准备。

2. 及时处理各种情况

受训儿童的衣扣、鞋带等可能在训练中出现松散，练习时可能导致儿童出汗增多或便频现象，这些都需要在练习中及时处理，否则会弄脏衣物、污染环境，影响训练进程。智障儿童韵律体操训练同样面临应对预设难点和突发难点、群体训练难点和个体训练难点问题。其重点是：沟通与交流问题、坚持性问题。个体训练难点及其应对需针对具体情况而定，训练人员可参照其他儿童训练难点的应对策略尝试解决，但最主要还要靠训练人员积极探索有针对性的方法。

3. 教师全面熟悉受训儿童的各方面信息，做好相关的准备

在练习初期，教师需多次查阅受训个体的评估信息，并在练习后及时补充相关信息，力求在尽可能短的时间内全面深入了解服务对象，并据此做好其他准备工作。如不少智障儿童有流口水、鼻涕的问题（冬季更甚），教师须做好物质准备，以备急用。还有些智障儿童对训练有较大的惰性或缺乏坚持性，教师仅凭讲道理或表扬等非物质强化手段难以奏效，故需要准备一些物质强化物，如玩具。一些儿童在练习初期根本不听教师的指令和要求，东奔西跑，随心所欲，故需要家长陪伴练习或安排辅助人员协助其适应训练环境、掌握参训规则和要求等。同时教师要对他们的信息传递方式保持足够的敏感性，熟悉其构音特点，理解其言语、肢体语言的含义，力图使双方尽快度过适应期。

（四）训练组织方式

1. 减少长时间控制性训练或被动训练

智障儿童参训初期、学习新项目或突破有难度的训练项目时可能会出现退缩行为，训练人员采取控制训练或被动训练往往是不得已的选择，但这两种方式不宜长时间、连续多次使用，需与主动训练、互动训练、游戏活动及间歇性休息相结合，使儿童的紧张心理得以舒缓，避免给儿童造成心理阴影，导致逃避训练。

2. 同伴间的互动训练或互助训练需谨慎使用

智障儿童间以及智障儿童与其他儿童间的互动训练或互助训练虽可有效提高训练效率，增加儿童间合作交流，创设平等的训练气氛，但智障儿童可能会误解合作者的意图，动作控制会出现较大的偏差，可能会给合作伙伴造成不同程度的伤害，影响训练的组织实施。为此，这两种方式的使用一般需在训练人员的密切关注下进行，或者先与训练人员合作训练，熟练掌握互动训练或互助训练的操作技术，然后再与同伴进行同样项目的训练活动。他们伴有的认知障碍直接影响他们的迁移能力，举一反三存有不同程度的困难。

3. 防护与耐心是关键

智障儿童动作笨拙、协调性差，在韵律体操训练中易于出现摔倒、撞击器械及他人等可能导致伤害的事件，所以训练时需要近身防护或贴身保护，即使有一定训练经历的大龄儿童也不可掉以轻心。智障儿童易出现生理及心理疲劳，需注意调节训练节奏和变换训练方式。智障儿童对训练项目技术要素的理解、记忆往往存在不同程度的困难，需要训练人员反复讲解和示范或手把手地教，这对训练人员是不小的考验，需做好心理准备并适时调整自己的心理状态。

四、场地、设施要求及辅助器械

韵律体操教学课一般较适合在室内场馆中进行，需要一定的场地面积和空间范围。韵律体操的教学大多是集体或有组织的进行，其空间大小最好以一个人至少有 1～2 平方米最为适宜，每个儿童都能最大限度伸展肢体，而身体或器械又不会碰撞，防止发生不必要的意外伤害事故，避免潜在危险。如果能在有地板或地毯的场地上练习更为理想，也可以在较为平整的水泥地面练习。此外，对采光条件及通风设施也有一定要求，尽量保证智障儿童在光线充足、空气流通的环境下练习韵律体操。

第七章　自闭症儿童韵律体操

第一节　自闭症儿童韵律体操基本内容及特点

一、自闭症儿童韵律体操的概念

自闭症儿童韵律体操是根据自闭症儿童的生理和身心发展特征，以自闭症儿童体育活动能力为基础，借鉴健美操、徒手体操的编排原则，借用现代大众流行音乐编排出的一套韵律体操。在音乐伴奏下，练习者由引导员带领或由引导员辅助练习者，通过徒手或手持轻器械做出一系列身体的动作，目的在于培养自闭症儿童的韵律感和协调性，通过身体活动和练习发展这类儿童的柔韧、协调、灵敏等身体素质的活动，从而培养自闭症儿童的兴趣，转移其注意力，满足孩子的内在需求，保持精神的安定，并在一定程度上促进自闭症儿童智力的开发，提高孩子的运动、言语交往、适应社会和感知认知功能。

二、自闭症儿童韵律体操的分类

自闭症又称为孤独症（autism），是童年弥散性发展障碍（pervasive developmental disorder，PDD）所包括的物种精神症状中的一种。自闭症指的是一种严重影响个体口语和非口语交流、社会交往的发展性障碍，一般发生在3岁之前，对个体的教育表现有不利的影响。与自闭症有关的其他症状有：重复性活动和刻板动作、反对环境变化或者日常生活秩序的改变，对感觉经验有异常的反应。这一术语不适用于那些主要由于严重情绪困扰而对教育表现产生不利影响的儿童。

自闭症的特征主要表现在社会交往、沟通、行为和兴趣以及活动模式等方面。

在社会交往方面，自闭症的缺陷主要在于缺乏用于社会交往的非言语性行为，如目光对视、面部表情以及躯体姿势等；缺乏社交性或情感性互动；缺乏自发与他人分享快乐、情感等的能力；不能建立与发育水平相称的同龄伙伴关系。

在沟通方面，主要表现为言语发展的缺陷。有些自闭症儿童口头言语发育迟缓或完全丧失，具有一定言语能力的个体也很难运用言语进行交流，有些自闭症儿童还有特异的言语现象，如回声式言语。

在行为、兴趣及活动模式方面具有限制性、重复性、刻板性的特点。有些个体常全神贯注于一种或多种刻板的和限制性的兴趣模式，如持久反复地关注事物的某一个部位。有些个体常表现出一些刻板的行为动作，如前后摇晃身体，撞击头部，摆弄手指等。

由于自闭症儿童的上述特征，因此针对此类儿童的韵律体操，难度不易过大，且不存在竞技和表演的性质，可按练习形式分为以下几类。

（一）徒手韵律体操

徒手韵律体操是以培养自闭症儿童的韵律感和各方面身体素质为目的，在编排上体现出较大的随意性，时间可长可短，不受场地和器械设备的限制，重在锻炼价值的一种锻炼手段。其练习形式可分为整理部分、全身运动和放松部分等几大块。成套动作一般是从头颈、四肢、全身、放松等练习顺序来编排的。活动的顺序一般从身体的远端开始，逐渐过渡到躯干部位。针对自闭症儿童的身体活动能力，其运动强度和难度都会相对较低，且重复次数多，动作对称，活泼流畅，讲究实效，有针对性，音乐的节奏明显，律动较强，使练习者在活动过程中能够感受到音乐的律动，从而提高练习者对韵律体操的兴趣，激起自闭症儿童身体跟着音乐律动的欲望。

（二）轻器械韵律体操

轻器械韵律体操是手拿软硬质地不同的轻器械来做各种体操动作，对动作难度和技术要求较简单的一种锻炼手段，是指在四肢、躯干和头部的互相配合下，向不同的方向做旋转、屈伸、振摆等一系列组合动作，让身体的各个环节得到有效锻炼的一种运动形式。轻器械韵律体操动作结构和技术较为简单易学，在做动作的过程中，手持长绳、扇子、木棍、哑铃、沙球等轻器械来完成操化动作时，身体活动的轨迹和幅度会更加明显，使自闭症孩子能够更快接受。运用轻器械进行的练习不仅可以提高这类儿童的活动兴趣，而且能够使教学氛围更加生动，收获更多、更好的效果。由于轻器械体操可利用的器材较多，可根据不同的运动水平选择符合自身特点的运动，适合多人的参与，还可以在操练过程中根据自身环境和所具备的器械根据动作需要进行单人、双人或集体的练习，是一种较为方便和适用的体操运动，具有较强的强身健体功能，其动作可以在徒手体操和健美操及舞蹈类的基础上进行练习，在促进自闭症儿童身心和谐发展的同时，也可以成为自闭症孩子平时健身娱乐的一种活动方式。

（三）姿态韵律体操

姿态韵律体操是融合徒手体操、舞蹈基本动作、音乐和锻炼效果为一体，专门培养练习者良好身体姿态和动作姿势而创编的。整套操在动作、路线、方向、幅度和节奏方面比较简单，一目了然，动作少，路线清晰，且重复性高。练习者在轻快的音乐下进行，有利于练习者身心的全面发展，更有利于形成正确的身体姿态和动作姿势。

三、自闭症儿童韵律体操的特点

（一）针对性和有效性

自闭症儿童韵律体操是专门针对自闭症儿童的身心特征而编排和设计的，由于自闭症儿童各方面发展障碍，如注意力无法集中、运动能力较一般儿童弱、对特定的事物感兴趣等，这些都影响了自闭症孩子正常活动的能力，因此在自闭症儿童韵律体操的动作和结构编排上会比较简单，重复次数多，运动量适中，但是动作的针对性强，使各个动作能够更有效地提高自闭症儿童身体活动的效率，身体各部分的关节和肌肉能够运用得恰到好处。

韵律体操训练配有大量的身体动作，它有利于儿童时间知觉、空间知觉、运动知觉、注意力、表现模仿能力等心理过程的发展，有利于培养自闭症儿童对体操的兴趣，有利于自闭症儿童心理能力和智力的发展。同时，韵律体操还培养了自闭症儿童的感受力和表现力，通过动感的音乐，激发了每个儿童对音乐的感受，对动作表现的潜在意识，培养了自闭症儿童的节奏感，通过视频播放或课间示范，培养他们的模仿能力，促进自闭症儿童身体素质的提高。最后，还能增强自闭症儿童的体质，促进儿童柔韧、协调、灵敏等身体素质的发展，促进他们与人的交流，提高他们社会交往的能力。

（二）健身性和实用性

自闭症儿童韵律体操是根据运动解剖学、运动生理学、运动心理学、运动训练学、教育学等多学科的理论结合而针对自闭症儿童的运动能力及各方面生理和心理特征而编排和设计的韵律体操。成套韵律体操一般都包括准备部分、基本部分（头部、颈肩部、四肢、躯干动作及跳跃动作）和放松部分三大块。通过韵律体操的学习和练习，发展儿童的肌肉力量，发展关节和韧带的柔韧性及其他方面的身体素质，且在运动量适中的条件下发展儿童身体各个系统的生理机能。自闭症儿童韵律体操动作简单，但比较活泼，讲究实效；成套动作结构简单，一目了然，且动作对称，比较流畅，利于自闭症儿童的练习，便于达到特殊儿童健身的目的。

自闭症儿童韵律体操的音乐具有鲜明的节奏感和韵律感，音乐动感欢快，其音乐节拍层次分明，鼓点清晰，利于提高儿童练习时动作的节奏性和协调性，使身体的每个动作都更有效率，在与音乐结合的运动中，不仅可以调节儿童的情绪，使其精神愉快，还可以培养他们的兴趣，陶冶他们的情操，促进自闭症儿童身心的协调发展。

（三）特定性和随意性

由于自闭症儿童的学习能力较弱，韵律体操的动作和结构都比较简单，动作和编排的花样也很少，所以从难度方面来讲是只适合于自闭症这类特殊儿童。对自闭症儿童来说，在学习和练习韵律体操的过程中没有硬性要求，就动作来说，不需要做的多标准或多有美感，主要目的是让自闭症儿童感受到这种热情的气氛，让他们的身体动起来，所以学习和练习过程都是比较随性的；就教学来说，对于做动作很困难的自闭症儿童可以进行一对一辅助教学，对模仿能力强的自闭症儿童可以进行一对多的教学方式；就其他条件来说，不受人数、年龄、场地的限制，可个人做，也可集体做，一般运动量适中，没有难度动作，不容易发生运动损伤。

第二节 自闭症儿童韵律体操的教学

一、动作编排的原则

（一）科学性

在自闭症儿童韵律体操的动作编排中，应考虑自闭症儿童运动能力相对较弱的因素，要严格遵守运动生理和解剖学原理及人体运动技能的学习规律，整套动作一般从身体的远端过渡到全身，运动负荷应由小到大、动作由简到繁、强度由弱到强，逐步增加身体负荷，确保在有氧运动的范围内，符合有氧代谢的特点。

（二）全面性

整套动作以发展自闭症儿童的身体协调性及身体素质为原则，主要包括头颈、上肢、下肢、躯干等身体部位的动作，并使各部位的动作有机结合，进行上、下、左、右、前、后不同方向的变换和交替，完成各部分肌肉群的力量、关节的灵活性和柔韧类型的动作。

（三）流畅性

流畅性是自闭症儿童韵律体操编排的最基本的特征，因为编排的流畅性不仅指动作本身与动作之间的连接要自然，身体各部位的动作配合要协调，动作难度要适中，符合练习者水平，也不追求过多的动作和变换花样，以免影响自闭症儿童的学习和练习效果。

二、自闭症儿童韵律体操成套动作的创编

创编韵律体操成套动作，首先要明确创编的目的任务，即明确是为谁编操，编什么样的操，根据不同的目的任务和人群要求，创编也会有不同的要求。在自闭症儿童韵律体操的成套动作编排中主要采用以下三种方法。

（一）组合法

组合法是将身体各个部位、各种类型的动作进行组合的方法，其基本组合形式有两种，一种是身体同一部位做相同或不同类型的动作组合，另一种是身体不同部位做相同或不同类型的动作组合，身体的不同部位是指头颈、肩、臂、腿、髋以及腰腹等环节。

（二）移植法

移植法是指将其他运动项目的动作技术或动作，部分或全部引入本套动作中，通过一定的改造获得新的动作技术的方法。由于体育运动项目之间、技术体系之间存在相互的联系，就可以相互转化和借鉴，移植法是一种较为直观的方法。

（三）变奏法

变奏法是指将原有的动作节奏改变来实现创新的方法，可以将之变快，也可以变慢，

这些都取决于整套动作编排的设计。

三、自闭症儿童韵律体操音乐的选择

音乐的选择是一项重要而且复杂和细致的工作，不管是在教学还是在练习、表演或者比赛中，选择音乐是首先应解决的问题。一节动作，一套操，只有在听觉和视觉和谐统一的时候才能产生好的效果，因此教师在选择音乐来编排的时候是一个感性认识的过程，必须理解音乐，鉴赏音乐，才能使整套韵律体操动作与音乐的配合协调一致、和谐统一。

韵律体操是一种韵律感很强的活动，所选的音乐也应该具有足够的吸引力。面对自闭症儿童，音乐的选择更为重要，自闭症儿童跟健全儿童不同，他们一直生活在自己的世界里，在兴趣及活动模式方面具有重复性、刻板性的特点，而且自闭症儿童的表现又千变万化，不能只局限于一种固定音乐模式，要善于尝试—否定—再尝试—再否定。教师的目的便是要激发自闭症儿童能够跟着音乐律动起来，使他们融入到音乐中去，促进他们与正常人的交流，尽情发挥他们的表现力。音乐的长度和灵活性也要根据自闭症儿童的实际水平来决定，音乐太长，会使他们失去热情，且体力可能跟不上；音乐太复杂，儿童可能会跟不上练习的速度，从而失去兴趣。

四、自闭症儿童韵律体操教学与指导

前面提到，自闭症儿童的表现多种多样，因此一定要根据儿童的实际情况进行指导，上课可以按运动能力或者高低年级来划分组，每组分配一个助教，带领儿童们做韵律体操，对运动能力特别差的儿童应进行一对一的辅助练习，帮助他们感受各个动作。在每一节韵律体操课中，除了进行身体的大运动和协调运动以外，还要安排发声器官的运动和手指精细运动，比如在课前准备活动安排手指操，课间让孩子们跟着播放的音乐来歌唱等等，这样才能全面地发展自闭症儿童的身体素质。

如果条件允许可先借助视频播放韵律体操，来让儿童模仿韵律体操的动作，培养他们的模仿能力，然后再进行教学。尽量保证所有的练习在音乐的伴奏下进行，每节课要交替播放不同旋律和不同节奏的音乐，通过音乐伴奏，使孩子们根据乐曲旋律的变化而律动，提高动作的连贯性、协调性、节奏感及动作与音乐间的配合，达到提高动作质量的效果。

善于利用小游戏，培养孩子的速度感和敏捷性，因为运动游戏不仅可以改善人的运动技能，而且可以培养身体影像概念，同时还有助于提高语言的理解能力，促进言语功能的发展。对于不能自主移动自己身体的孩子，助教可先辅助孩子运动身体，从他动到自动，先让孩子体会手、脚的感觉，然后再带领其自主练习。采用评比奖励、赞美等教学手段，激发儿童学习的兴趣和积极性，调节课堂气氛，巩固动作技术。课间多用鼓励性语言，如“你们真棒”“你们真聪明”等。

五、教学方法与手段

韵律体操教学方法是指教师在教学过程中为了传授韵律体操知识和技能，发展自闭症儿童各方面能力等教学任务所采用的手段和途径。科学地选择和运用教学方法，对顺利完成韵律体操教学任务和提高教学效果具有很重要的意义。

特殊儿童韵律体操动作的教学方法很多，教师在教学实践中，应遵循教学原则的各项要求，结合儿童的特点、实际水平和教学条件等，有针对性地加以选用。对于自闭症儿童来说，常用的教学方法主要有：示范讲解法、完整法与分解法、游戏教学法、重复练习法。

（一）示范讲解法

示范讲解法是体育教学中最普遍采用的、最有效的教学方法。示范是由教师以具体动作为范例，正确、优美完成韵律体操动作，使学生直观地了解到动作的具体形象和结构。正确且有节奏的动作示范，可以激发自闭症儿童的练习兴趣，引导儿童自觉进行模仿练习。讲解可配合动作示范加强自闭症儿童动作概念的建立，有时还需要教师运用口令或击掌提示（动作的开始、方向等）和指示。

（二）完整法与分解法

完整法是对韵律体操的一节动作或一套动作完整地进行教学的方法。这种方法不破坏动作结构，不割裂动作各部分或动作之间的内在联系，便于儿童迅速地掌握完整的动作过程。分解法是把结构复杂的一节动作，按身体环节合理地分解成几个局部动作分别进行教学，以实现完整动作的练习目的，或者把整套操先分解进行教学，逐步串联成套的教学方法。因为韵律体操的动作往往是多关节、多部位同步参与活动，对于自闭症儿童来说动作结构还是比较复杂的，对他们身体的协调性也会要求相对较高，所以要掌握整套动作，还是需要先将其动作分解分别进行教学，突出重点，抓住动作的难点，尽可能地实现掌握完整动作。

（三）游戏教学法

游戏教学法是指教师以游戏的形式将各种动作穿插在其中，让学生在欢乐、有律动的游戏中掌握各种动作的一种教学方法。不管是对于健全儿童还是自闭症儿童来说，爱玩是每个孩子的天性，因此我们可以在课堂中运用这类教学方法，提高孩子们学习的积极性，促进他们与其他人之间的交流，对其身心的发展都是有好处的。

（四）重复练习法

重复练习法是练习者有目的、有计划地多次重复地练习单个动作、组合动作或成套动作的方法。这种方法在体育项目中非常普遍，练习过程中有一定的运动量，能够提高自闭症儿童的心肺功能，又能够巩固所学习的动作，使动作更加熟练，做起来更加协调。练习中可穿插表演、游戏等部分，活跃课堂气氛，激发儿童兴趣。

六、教学设计与组织和实施

为了保证教学和练习过程的顺利进行，达到良好的预期效果，往往需要对整个教学过程进行设计，就像工程师造房先要有蓝图一样。教学设计，就是按照科学化、最优化的要求，对教学过程的各个方面做出合理的安排。具体来说，就是要确定某一教学阶段某些动作技术的教学目的，并围绕完成教学目的的这个中心来安排教学内容、组织教学过程和选择教学方法。

（一）确定适宜的教学目的

教学的目的要考虑到基本动作、组合动作和成套动作的特点与自闭症儿童的实际水平，只有在了解儿童实际能力的情况下确定教学目的，才能保证儿童的练习效果，也可避免教学的随意性和盲目性，给韵律体操的教学最优化创造基本条件。教学要具有一定的灵活性，要保持课堂的活跃性，当采用一种教学方法时发现自闭症儿童的学习效果不佳或者出现某些问题时，应马上调整教学方法，使其与儿童的能力相符合。

（二）精选教学内容

安排教学内容的时候，要主次有序、轻重有节、突出重点。不管是总的教学时数还是一堂课的教学时间，都是有限的，教师必须在有限的时间内达到最初的教学目的以及一堂课的教学效果，充实课堂，精挑细选以及组织教学内容，掌握自闭症儿童的学习规律，对教学内容作教学方法的加工，使所教的内容转换成学生易于掌握、乐意接受的形式。同时还应适当地调整教学内容对动作进行补充或修改以适应学生的身心特点和实际水平，这样才能有助于自闭症儿童在练习上能获得良好的效果。

（三）组织合理的教学过程

要使教师的教学活动适应儿童掌握动作技能的特殊规律，组织合理的教学过程是教学的一个重要方面。设计教学过程，目的在于使动作技能的教学科学化、合理化，因此教师应根据教学的主要任务来确定韵律体操课的类型和结构。课的类型主要有新授课、复习课、综合课和考核课等，每一种类型的课都有一定的结构，对于课的结构的设计，要从实际出发，要有一定的模式，也不能完全按照固定模式来，因为对于自闭症儿童的课堂来说，学生在课堂上的表现不可能跟健全儿童一样，他们会有许多异于正常孩子的行为，因此教师的教学也应是按照自闭症儿童的学习规律来安排的。

（四）选用有效的教学方法

有效的教学方法是教师得以传递信息、提高教学效率的保证。“教学有法，但无定法”，一种教学方法不可能适合所有人群，特别是在针对自闭症儿童进行教学时，为了保证练习效果，必须要选用自闭症儿童所能接受的教学方法。韵律体操的教学方法有很多，教师一定要根据自闭症儿童的运动能力，运用不同的教学方法，或者几种教学方法综合运用，提高教师的教学效率和自闭症儿童的学习效率。

另外，自闭症的儿童身体活动有一定障碍，所以对动作要求跟健全孩子不一样，不需要做得非常标准，只要不出现严重的动作错误或动作的不协调就行，调动他们身体活动的积极性才是关键。对于自闭症儿童来说，让他们自主锻炼身体本就是一件比较难的事情，所以在进行韵律体操练习时要保持一定的运动量，以达到增强体质，提高心肺功能的功效。同时，教师在示范与讲解的过程中，要将示范与口头的讲解结合起来，加强两种信号系统的协调活动，促进自闭症儿童的感知觉的提高。

七、场地设施要求及辅助器械

（一）教学场馆及设备的要求

无论是室内还是室外，首先要能够保证儿童有足够的空间活动，保持自闭症儿童良好的学习状态，也利于儿童情绪的释放，不至于引起他们不安和压抑的情绪；其次，注意场地的防滑、防撞，保持练习场所干净、空旷，不用的器械切忌堆放在儿童活动的区域内。

（二）器械要求

自闭症儿童的韵律体操是否选择手持轻器械或者手持什么轻器械，要根据儿童的具体情况而定，避免儿童因使用不当对自身或者其他儿童造成伤害。一般选择颜色鲜艳、质地较软、重量较轻或可以发出声音的器械，如沙锤、铃鼓、皮球、彩带等，尽量避免使用哑铃、木棍等。

八、组合范例

（一）徒手韵律体操

预备姿势：直立
第一个八拍：
1—8 拍：右脚开始原地踏步 8 次，两臂前后自然摆动。
第二个八拍：
1—4 拍：原地踏步 4 次，同时两臂依次经侧至上举；
5—8 拍：原地踏步 4 次，同时两臂经侧至叉腰。
第三个八拍：
1—4 拍：右脚开始并步两次，同时双手击掌；
5—8 拍：并步两次，同时右臂左臂依次绕环一周。
第四个八拍：
1—4 拍：头经前屈向右绕环一周；
5—8 拍：头经前屈向左绕环一周。

（二）彩带操

预备姿势：直立。
第一个八拍：
1—2 拍：左手侧平举，右手经前上摆至上端绕彩带一周；
3—4 拍：还原；
5—6 拍：左手上举，右手经侧至侧平举将彩带绕一周；
7—8 拍：还原。
第二个八拍：
1—2 拍：右手下举由左经下向前上摆，左臂侧举，右脚上步；
3—4 拍：右脚后退一步，右手上举下摆，左臂斜后举；
5—6 拍：右脚向右一步，右手下举摆至侧举；
7—8 拍：还原。
第三个八拍：
1—4 拍：左手侧上举，右手持彩带侧平举往右绕一圈；

5—8 拍：同上，反方向。
第四个八拍：
1—4 拍：右脚向右一步，左脚点地，身体转至右侧，双臂经体前摆至上方；
5—8 拍：双臂经上往下还原，两脚还原成直立。

（三）姿态韵律体操

预备姿势：直立。
第一个八拍：
1—4 拍：右脚向右一步，成开立姿势，双臂前平举，掌心向下；
5—8 拍：双臂经前往上成上举，掌心向内。
第二个八拍：
1—4 拍：双臂经体侧往下成侧下举，掌心向内；
5—6 拍：屈膝半蹲，同时屈臂握拳，拳心向内；
7—8 拍：还原成直立。
第三个八拍：
1—2 拍：双腿屈膝一次，同时双手成侧平举；
3—4 拍：屈膝一次，同时右手经体侧往上成上举，左手下举，掌心向内；
5—6 拍：屈膝一次，同时右手经上往下成下举，左手经侧往上成上举，掌心向内；
7—8 拍：还原。
第四个八拍：
1—2 拍：两腿屈膝半蹲，头向右转动；
3—4 拍：两腿屈膝半蹲，头还原；
5—6：拍：两腿屈膝半蹲，头向左转动；
7—8 拍：还原成直立。

第八章　肢体残疾儿童韵律体操

第一节　肢体残疾儿童基本内容及特点

一、肢体残疾的定义及分类等级

（一）肢体残疾的定义

根据我国政府在2006年公布的第二次全国残疾人抽样调查结果，目前全国各类残疾人总数为8 296万人，残疾人占全国总人口的比例为6.34%，其中肢体残疾2 412万人，占残疾人总数29.07%。据调查，我国0～6岁肢体残疾儿童约有43.4万名，每年新增6.2万名。经中国肢协会议讨论并报中国残联同意，自2010年起，将每年的8月11日（寓意是肢残人轮椅车的两个轮子和两根手杖）定为全国“肢残人活动日”。无论是成人还是儿童，半数以上的肢体残疾人是可以通过康复训练改善功能的。

在编写肢体残疾儿童韵律体操的基本内容之前，应该了解什么是肢体残疾（physical handicap），根据中华人民共和国国家质量监督检验检疫总局、中国国家标准化管理委员会2011年编写的《残疾人残疾分类和分级》，肢体残疾就是人体运动系统的结构、功能损伤造成的四肢残缺或四肢、躯干麻痹（瘫痪）、畸形等导致人体运动功能不同程度丧失以及活动受限或参与的局限。肢体残疾包括：（1）上肢或下肢因伤、病或发育异常所致的缺失、畸形或功能障碍，如先天性截肢、先天性缺肢、短肢、肢体畸形、侏儒症；两下肢不等长、严重骨、关节、肌肉疾病和损伤等；（2）脊柱因伤、病或发育异常所致的畸形或功能障碍，如脊柱畸形（驼背、侧弯、强直）；（3）中枢、周围神经因伤、病或发育异常造成躯干或四肢的功能障碍，如脑瘫（四肢瘫、三肢瘫、二肢瘫、单肢瘫）、偏瘫、脊髓疾病及损伤（四肢瘫、截瘫）、小儿麻痹后遗症等。

（二）肢体残疾儿童的分类等级

许多文献都已经证实，尽早对特殊儿童进行干预的有效性和重要性，美国对儿童提供特殊教育的年龄已从6～21岁（1975年）提前到的3岁（1988年），甚至更早，不仅对特殊儿童的启蒙教育时间提前，义务教育的年限也延长了。我国在 1990 年也颁布了《中华人民共和国残疾人保障法》，其中也明确规定了特殊儿童有享受教育和康复的权利。

肢体残疾儿童与肢体残疾的成人一样，表现是多种多样的，要想将这些特征全部罗列出来几乎是不可能的。在这里，我们只针对肢体残疾、但智力健全的儿童进行描述，肢体残疾同时智力受损的儿童韵律体操可以参照本章第四节——智力障碍儿童韵律体操。相对于成人，儿童的具体残疾分类等级见表 8—1。

表 8—1 **残疾分类等级**

等级	内容	程度
一级	1. 四肢瘫：四肢运动功能重度丧失； 2. 截瘫：双下肢运动功能完全丧失； 3. 偏瘫：一侧肢体运动功能完全丧失； 4. 单全上肢和双小腿缺失； 5. 单全下肢和双前臂缺失； 6. 双上臂和单大腿（或单小腿）缺失； 7. 双全上肢或双全下肢缺失； 8. 四肢在手指掌指关节（含）和足跗跖关节（含）以上不同部位缺失； 9. 双上肢功能极重度障碍或三肢功能重度障碍。	完全不能进行日常生活活动
二级	1. 偏瘫或截瘫，残肢保留少许功能（不能独立行走）； 2. 双上臂或双前臂缺失； 3. 双大腿缺失； 4. 单全上肢和单大腿缺失； 5. 单全下肢和单上臂缺失； 6. 三肢在手指掌指关节（含）和足跗跖关节（含）以上不同部位缺失（一级中的情况除外）； 7. 二肢功能重度障碍或三肢功能中度障碍。	基本不能进行日常生活活动
三级	1. 双小腿缺失； 2. 单前臂及其以上缺失； 3. 单大腿及其以上缺失； 4. 双手拇指或双手拇指以外其他手指全缺失； 5. 二肢在手指掌指关节（含）和足跗跖关节（含）以上不同部位缺失（二级中的情况除外）； 6. 一肢功能重度障碍或二肢功能中度障碍。	能够进行日常生活活动
四级	1. 单小腿缺失； 2. 双下肢不等长，差距大于等于 50mm； 3. 脊柱强（僵）直； 4. 脊柱畸形，后凸大于 70 度或侧凸大于 45 度； 5. 单手拇指以外其他四指全缺失； 6. 单手拇指全缺失； 7. 单足跗跖关节以上缺失； 8. 双足趾完全缺失或失去功能； 9. 一肢功能中度障碍或两肢功能轻度障碍。	基本能够进行日常生活活动

第二节　肢体残疾儿童韵律体操基本内容

一、肢体残疾儿童韵律体操基本内容

（一）头部动作

预备姿势：直立（上身或全身），两手叉腰。

1. 头颈屈：指头颈向前、后、左、右的屈；

2. 头颈转：指头颈部向左、右的转地绕身体垂直轴的转动；

3. 头颈绕环：指头以颈为轴心左、右绕环。

特点：简单易学，舒缓颈椎疲劳，可以采取站立、跪姿或坐姿，也可以在轮椅上进行。

要求：肢体残疾儿童在主动或被动进行头颈动作时，首先要保持身体核心部位的稳定，若无法保持身体的平衡可以依靠他人协助；上体保持正直，动作速度要慢，头颈移动的方向要准确，颈部被动肌群得到充分伸展。

（二）肩部动作

预备姿势：直立（上身或全身），两手叉腰。

1. 提肩：指肩胛骨做向上的运动。将单肩、双肩的肩胛骨同时上提或依次上提的运动。

2. 沉肩：指肩胛骨做向下的运动。将单肩、双肩的肩胛骨同时下沉或依次下沉的运动。

3. 绕肩：指以肩关节为轴做小于360°的弧形运动。包括单肩向前、后绕，双肩同时或依次向前、后绕。以肩关节为轴，进行小于或等于360°的单肩向前、后绕，双肩同时或依次向前、后绕。

特点：肢体残疾儿童在主动或被动进行肩部动作时，可根据音乐的节奏变化（快慢、强弱）长期进行练习，可以缓解肢体残疾儿童因行动受限而长期保持一种姿势引起的肩部肌肉酸痛。

要求：提沉肩动作幅度要大而有力，绕肩时上体尽量保持不动，头颈放松，速度均匀，即使是上臂缺失使肩关节运动受限，也一定要尽力做到最大幅度，使肩部肌肉群充分得到运动。

（三）上肢动作

肢体残疾儿童韵律体操的常用手型见第二章的第二节——“特殊儿童韵律体操上肢动作”部分。

预备姿势：直立（上身或全身），两手叉腰。

1. 举臂：指以肩为轴，臂的活动范围不超过180°而停止在某一部位的动作。动作可以是单臂和双臂的前、后、侧及不同中间方向的举（如前上举、侧上举等）。

2. 臂的屈伸：指手臂在肌肉群的伸缩下，使关节产生屈和伸的过程。包括手指、手腕及肘关节的屈伸，单臂和双臂进行的向上、向下、向左、向右及中间方位的屈伸。

3. 曲臂：指肘关节产生了一定的弯曲角度。包括头上屈、头后屈、肩侧屈、胸前平屈、背后屈等。

4. 摆臂：指以肩关节为轴带动手臂来完成臂的摆动动作。包括单臂和双臂同时或依次向前后及左右的摆动。

5. 振臂：指以肩为轴使手臂快速运动至最大幅度。包括手臂的上举后振、下举后振、侧举后振。

6. 手臂绕环：指以肩关节为轴，双臂或单臂做向前、后及向内、外的绕环。

7. 手臂旋：指以肩或肘为轴做臂的旋内或旋外动作。

特点：肢体残疾儿童在主动或被动中越早进行上肢运动，今后越有利于减少各种功能性障碍的发生。在进行一段时间的练习后，还可以尝试手持哑铃（矿泉水瓶）、橡皮筋等轻器械加大练习幅度，加快促进儿童的康复及社会适应能力。

要求：残疾儿童在做上肢动作时，要尽量保持身体的平衡，即使是单前臂及其以上缺失，或者是下肢不等长或缺失，也要尽可能最大幅度活动另一边健全的上肢肌肉。

（四）胸部动作

预备姿势：直立（上身或全身），两手叉腰。

1. 含胸：指两肩内合，缩小胸腔，使胸廓内收的运动。

2. 展胸：指两肩外展，扩大胸腔，使胸廓外展的运动。

3. 移胸：指髋部固定。做胸左、右的水平移动。

特点：残疾儿童因无法进行正常的学习、生活，容易产生自卑心理，在形体上表现为含胸低头，或者驼背，胸部运动可以提高儿童的自信心，帮助提高肌肉和关节能力。

要求：肢体残疾儿童在主动或被动进行胸部练习时，要保持核心部位的稳定，含、展、移胸要达到自身的最大限度。

（五）下肢动作

下肢动作是动作构成要素最多的部位，也是人体支撑保持站立的部位。若肢体残疾儿童双下肢健全，或者活动完全不受限，韵律体操的下肢动作可以参照第二章的第二节——“特殊儿童韵律体操下肢动作”部分。但如果肢体残疾儿童下肢缺失或者不等长超过50mm，建议只采取坐姿或者在轮椅上进行韵律体操的练习。

第三节　动作的编排与音乐的选择

肢体残疾儿童在成长过程中，需要更多的关爱，但这不意味着将他们和健全孩子区别开来，要尽可能以自然的心态，创造他们与其他孩子一起进行正常的学习和社会交往的机会。在编排动作和选择音乐时，不仅要考虑到该年龄阶段儿童的需求，音乐动作要舒展、简练、轻快、活泼，决不能成人化；更要根据儿童身体残疾的具体情况，编排出在他们力所能及的范围内，或在他人帮助下，能够通过徒手或借助轻器械而完成的有一定负荷、趣味性较高的动作。

一、肢体残疾儿童韵律体操动作编排

（一）符合肢体残疾儿童的心理

肢体残疾儿童通常无明显心理缺陷，其感知、注意、记忆、思维、想象等认知过程与健全儿童无异，但因为长期缺乏群体归属感，他们社会适应能力不强、有自卑心理，外部表现出来往往是情绪障碍、忧郁、消极和自闭。主要表现在以下几个方面：①情绪障碍，多因身体活动受限，许多欲望得不到满足，常引起情绪波动，好发脾气。重症障碍者只能待在家里，轻度障碍儿可入学，但因体力和运动能力有限，易受他人讥讽、歧视，悲叹“生活不公平”，产生“不幸”等想法，有苦闷、恐惧、厌恶等情绪以及退缩、孤独等行为表现；②自卑感强烈，面临残疾给学习、生活带来的巨大困难，有些患儿对外界刺激敏感，加上经常遭受挫折，或不合时宜的怜悯，易产生自卑感，认为自己处处不如人，严重压抑自身的才能和创造性发挥；③过于任性，亲人的怜爱、生活上的过度保护和迁就，易使肢残儿变得任性，甚至骄横，不善与人合作。

对于家长和教育者来言，这些孩子将来的路还很长，他们不仅需要面对自身由于肢体残疾带来的学习、生活中的挑战，更要学会尊重自己，找到自身在家庭、学校、社会中的位置，培养自己独一无二的个性。生活中不乏有许多肢体残疾青少儿，敢于面对严酷现实，显示出惊人的坚强意志，在学习、生活困难的磨炼下反而更发挥出自己的主观能动性，从容应对困难。他们在生活中所表现出的顽强毅力和惊人意志，令常人难以想象。

因此，在编排动作时，要根据心理学理论中的“知情意行”来重塑肢体残疾儿童的自信，培养良好的个性及自强不息的精神。对于肢体残疾儿童，“知”指的是指他们对外界一切事物的认知和观念；“情”指的是自身反映的情感和情绪；“意”指的是意志力；“行”指的是行动力。通过韵律体操形象、有节奏的动作，培养儿童能够尽可能的认知世界、热爱生活、恢复肢体功能、改善身体机能、勇敢面对困难的能力。例如：下肢健全、上肢有缺陷的孩子通过“小鸡啄米”的小组合，模仿小鸡的神态和动作，配合表情和眼神，边说唱、边做动作，达到活动及培养生活能力的目的。

（二）符合肢体残疾儿童的生理

一般来讲，肢体残疾但智力健全的儿童除了残疾部分，在身高、体重或者外形与健全儿童并无明显差异。但因为儿童时期是机体处于不断生长发育的阶段，不同个体、性别和年龄形成的生理指标的差异都非常大，特别是肢体残疾儿童，由于缺乏正常的学习生活和户外锻炼，他们的神经、运动、消化、呼吸、感官等系统都会与正常孩子不同，而因为残疾的部位不同，各系统的指标也会发生变化。

因此，根据肢体残疾儿童具体情况和能力的不同，要有针对性地编排出有利于发展身体健全部位的协调性、灵活性和柔韧性的动作，目的在于提高他们的运动能力、身体素质和免疫力。例如：下肢有缺陷，上肢健全的儿童通过坐姿练习“我的小小手”，对韵律体操的手型变化，手臂的曲、举、绕、振、旋，以及对胸部含、展、移等的练习，加强残疾儿童的上肢力量，为将来器官功能的恢复及器官代替或补偿打下基础。

（三）帮助肢体残疾儿童进行器官功能的恢复

无论是截肢还是先天性的残疾，都会给儿童的运动系统造成不同程度的功能丧失或者障碍，这些障碍是靠现代医学无法完全解决的。同时，在手术进行截肢和再植固定后，常常会导致肌肉萎缩、挛缩、关节僵硬等一系列问题。肢体残疾儿童中约有13％需要进行矫治手术，手术后科学、系统、合理的康复训练对这些儿童今后是否能适应生活起到关键作用。而这些康复训练中最好的办法就是依靠运动使器官功能得到一定程度的恢复，即使以后给肢体残疾儿童装上义肢，也必须通过长时间的体育锻炼才能更好地掌握和康复。韵律体操训练趣味性强，内容丰富不枯燥，音乐节奏明快、负荷适中，符合儿童的身心特点，经常练习也可以激发肢体残疾儿童视觉、听觉、语言表达能力的联想。

一般来说，上肢装义肢费用较高，儿童也较难控制。在编排韵律体操动作时，采用关节活动范围内的主动或者被动练习，尽量恢复受损部位的运动功能，通过对一些精细的动作反复练习，使儿童有能力进行如进餐、如厕、穿衣、看书等日常生活的活动，进而可以和健全孩子一起进行学习、游戏。例如“起床歌”，就是通过儿童起床后自行穿衣裤、鞋袜、刷牙、梳头、洗脸、拧毛巾、吃早餐等日常动作的模仿，锻炼儿童上肢、躯干的控制力和协调性，为今后独立生活做准备。

踝关节以下残疾的儿童，一般不会用义肢和轮椅，可以使用拐杖来辅助行走，编排动作时，就要加强肩关节、髋关节以及各个关节部分的灵活性，以及小腿、大腿、手臂力量的练习。膝关节以下的残疾儿童，就需要借助义肢或者轮椅（坐姿）才能完成韵律体操的练习，所以编排时要着重发展义肢、轮椅与本身器官的协调及适应能力，除了前面提到的上肢练习，还要多编排如：抬腿、屈髋、转腰等练习。从大腿根部残疾的儿童，坐立的时间远远大于健全儿童，一般只能借助轮椅进行日常的活动，因此，也需要加强上肢以及肩部的力量，以便儿童可以自行、长时间地驱动轮椅。同时，还要加强腰腹的练习，预防肥胖的产生。

（四）协助肢体残疾儿童的器官完成功能的代替或补偿

是指以补偿训练方式，最大限度恢复残肢的生理功能，或使其得到充分补偿，对帮助肢残儿重新获得正常的生活、工作和社会活动能力有重要意义。

首先要提供心理辅导，帮助患儿克服自卑和无所作为的观念，正确面对现实，善于将不良环境刺激转为战胜困难的动力，同时学会舒泄情绪和压力的正确方法。其次是重建自信，提高对器官补偿潜力的认识。大量研究证明，器官某一侧功能受损后，健侧往往出现代偿性超常发展，不同器官会出现互补。因此，肢体残疾儿童应根据自身残疾实际问题，在医生指导下训练利用假肢训练肌力，避免永久性肌无力。右手没了，左手可以洗脸、刷牙；双手没了，用脚或者嘴巴练习写字、翻书；脚没了，可以借助拐杖，再严重可以坐轮椅。要传递给孩子一个道理：残疾不等于残废，缺憾是一种不足，但也能成为成功的理由，只要残疾儿童不灰心丧气，经过科学刻苦的训练就可获得最大程度的补偿。

韵律体操根据“用进废退”的原则，鼓励儿童多用残余功能，结合听觉、视觉、触觉的锻炼，目标是使患儿获得最大限度的独立生活能力，在有限功能范围内发挥最大功效，并防止肌肉萎缩变形。例如：编排中加入大量日常生活的动作，练习儿童小肌肉群的能力，像捏、握、拿、拽、甩、拧，鼓励他们自己吃饭、穿衣服、扣纽扣、系鞋带等。

一般来讲，除了极严重的一级肢体残疾儿童，大部分儿童通过练习是可以慢慢具备基本的生活自理能力的。韵律体操的训练需遵守循序渐进原则，先促进残肢肌力的恢复，而后增强残肢耐力、提高动作协调能力，最终达到增强残肢运动器官的活动度、加快运动速度的目标。

二、肢体残疾儿童韵律体操音乐的选择

韵律体操通过儿歌、童谣的伴奏，以增进儿童的身体健康，发展协调、柔韧、力量等身体素质的教学形式，旨在促进幼儿语言和动作的发展，有利于开发儿童大脑的潜能。与健全儿童韵律体操音乐效果不同的是，一首健康活泼、旋律优美、节奏明快、符合儿童喜好的音乐，不仅可以迎合肢体残疾儿童的兴趣爱好，还可以对这些孩子进行心理疗伤，起到“止疼针”的效果，帮助他们缓解康复过程带来的不适和疼痛。

韵律体操的音乐可以是流行音乐，也可以是儿歌、童谣，但必须符合儿童心理，要能根据音乐内容进行动作编排，儿童可以一边练习一边跟着唱，使他们的四肢、听觉与语言能力得到协调发展。尽量选用完整的曲子，有节奏快慢的变化，音乐的剪接应自然，避免将不同风格和格调的曲子拼凑在一起，录音效果要清晰生动。例如：儿歌“我的身体最神奇”，明快的音乐、简单的词句帮助儿童了解身体的不同部位及上下左右等基本的方位。

第四节　肢体残疾儿童韵律体操的教学与指导

一、肢体残疾儿童韵律体操的教学原则

（一）因材施教原则

是指按一定的教学目标，针对肢体残疾儿童的个别差异和具体特点，采取不同的教学措施。要求教师在教学活动中，从肢体残疾儿童的实际出发，根据不同教学对象的具体情况，采取不同的方式和方法，进行差异性的教育，使每个儿童都能在各自原有的基础上得到充分的、最好的发展。

由于除了神经性运动功能损伤会妨碍肢体残疾儿童进行正常的体育运动，可能某些药物治疗及日常的康复护理也会使他们对运动产生消极心理，所以，肢体残疾儿童的表现是多种多样的，甚至同一种损伤情况表现在不同孩子身上也会有差异。同时，每个儿童的家庭结构、家族史、个体成长发育情况、生理缺陷和行为等均不同。因此，在编排中，要根据该儿童的实际情况对动作、辅助器械、教学方法及教学环境进行调整。相对于健全儿童的韵律体操，对于肢体残疾儿童的教学目的着重点不仅在“学会”动作，更重要的是培养他们今后独立面对生活的能力。肢体残疾儿童的现实状况在很大程度上决定了儿童学习的效果，因此，坚持因材施教原则，有助于挖掘学生的潜能。同时教师与家长一起共同制订康复计划，共同训练，及时进行阶段评估、反思、调整，才可以使教师的教学工作更有成效。

（二）平等对待原则

是指促进、保护肢体残疾儿童充分和平等地享有健全儿童的权利和基本自由，鼓励其

充分融入社会，逐渐发展能力并尊重保持其身份特性的原则。

人的健康分为三个要素，即身体生理、心理状态及社会适应能力，对于肢体残疾儿童，其社会适应性行为（Adaptive Behavior）的训练更具有现实和社会意义。残奥会的精神是"超越、融合、共享"，特别强调对待残疾人时要以平常心对待他们，就像是对待正常人一样，即使他们不方便要予以照顾，也不要做的太明显，以免伤自尊。因此，在教学中鼓励肢体残疾儿童自己通过努力完成动作，避免"过度帮助"，不要过分强调这些儿童的特殊性，才能帮助他们建立起自己独立处事的生活方式。

（三）师生协同原则

这一教学原则主要是指在教学活动中，教师在充分发挥自身作用的同时，还要充分调动学生的积极性和主动性，使教学过程真正处于师生协同活动，相互促进的状态之中。

教育是需要爱的，特别是从事特殊教育的老师们，爱心、平常心和责任心缺一不可。除了家长，特教老师是这些孩子接触最多的一个群体，只有得到特殊儿童的信任与依赖，才可以达到"亲其师，信其道"的教学目的。对于肢体残疾儿童，教师更应该给予恰当的帮助，鼓励他们动眼看、动耳听、动口说、动手做、动脑想，例如：在肢体残疾儿童练习韵律体操时，教师面带微笑一边和孩子一起练习，一边用眼神进行鼓励，一边用"你又做到了""老师相信你可以做得更好"等语言及时给予肯定，可以让孩子最大程度发挥残余肢体的功能，最终达到生活自理、适应社会的目的。

（四）融合教育原则

融合教育原则是在平等对待原则基础上进行的。所谓的融合教育是指让特殊儿童和健全儿童在一起学习游戏的方式，它强调给特殊儿童提供一个正常化的教育环境，而非隔离的环境。在普通班中提供所有的特殊教育和相关服务措施，使特殊教育及普通教育合并，我们称这个系统为普特相融教育法。

除了个别多重障碍儿童，大部分肢体残疾儿童的智力与健全儿童没有差距。在孩子具备基本的能力，如行走能力（或依靠轮椅）、进餐能力、如厕能力之后，要让这些儿童有计划地定期进入普通幼儿园，与健全儿童一起学习，一起参与角色游戏，互相理解、互相帮助、互相关心，在伙伴教育的作用下，改善智力水平，提高社会适应能力。例如，韵律体操"找啊找啊找朋友"，就是让他们一对一地通过简单的问好、握手、拥抱等动作，通过模仿，肢体残疾儿童更容易掌握和理解动作，同时儿童的交往能力也得到了发展。

（五）循序渐进原则

指教学活动要适合学生的发展水平，主张教学既要按照内容的深浅程度由易到难，又要按照学生的年龄特征由浅入深、循序渐进，因势利导，进而取得好的教学效果。

儿童处于生长发育时期，表现为肌肉力量差，容易疲劳和损伤，骨骼的硬度小，弹性大，可塑性强；身体的大肌肉群比小肌肉群发育完善，所以手脚动作比较笨拙，特别是手，很难以完成精细的动作。相对于健全儿童，肢体残疾儿童在学习过程中将面临更大的挑战。因此，编排动作时应该根据儿童的实际接受程度，首先要引起肢体残疾儿童的兴趣，有了继续练习的欲望，才能达到康复的最终目的，千万不要因为外部急功近利的各种需求而改变特殊教育的最初目标。在动作选择、练习时间、负荷轻重上都要循序渐进，既符合儿童身心发展的普遍规律，又要达到一定的教学效果。

（六）动态性原则

肢体残疾儿童的教育与训练的最终目的，是能够让他们像健全儿童一样生活学习，将来可以独立生活和融入社会。同健全儿童一样，他们身体处在一个生长发育的飞速时期，他们的身体状况会随着时间不停变换，因此，对他们进行韵律体操的训练也是动态性的。无论是训练的计划、负荷、手段及时间等，都要通过评定——干预训练——再评定——再干预训练……，而且要一直处在这样一个动态的大循环中。

二、肢体残疾儿童韵律体操的教学方法与手段

（一）肢体残疾儿童韵律体操的教学方法

1. 康复性

肢体残疾人50%以上可以通过康复训练改善功能，而且时间越早开始效果越好。因此，康复训练对于肢体残疾儿童来言，尤为重要。体育教育应与康复训练紧密相连，韵律体操教学活动的设计应考虑到补偿这些儿童的缺陷，根据残疾的具体情况，对这些儿童进行分类、分组、分层教育与训练，以达到体育教育与康复的统一性、协调性。例如，对上肢残疾的儿童进行韵律体操练习时，动作的编排要特别强调儿童的综合协调能力，也就是可以达到自行穿衣、进食、如厕等基本生活能力后，再进行精细动作能力的训练，如拿、捏、拧、拽等动作。

2. 创造性

肢体残疾儿童在进行韵律体操教学时，动作编排要尽量创造与知识点相符合的情境，或者利用辅助器械的帮助，在模拟的实作环境中，这些儿童学习兴趣增强，更容易接受知识，理解教师语言的含义，更容易模仿教师的动作，学习本领。这就需要教师根据智慧和课堂的实际情况，变换不同的方式方法，找到适合儿童身心的动作。例如：儿歌“看谁的小船划得快”，在融合教育的课堂上，下肢残疾的儿童可和健全儿童均采取坐姿或者跪姿，手持轻器械——船桨，通过手臂的举、屈伸、绕、震、旋等模拟划船的动作，所有儿童处于一个身体姿态进行练习，即顾及了下肢残疾儿童的心理，又达到融合教育的锻炼效果。对于肢体残疾儿童，教师更要善于启发、激励和肯定他们的创造性思维，并提供宽松、安全、无压力感、紧张感、恐惧感的物质和精神环境，培养、珍惜、尊重肢体残疾儿童的想象力。

3. 生活性

肢体残疾儿童由于种种原因，生活自理能力较差，特殊儿童的体育教育是以“适应性教育”为主的早期干预，因此教材内容应来源于生活，让这些儿童在生活中学习基本的生活自理能力，在生活中学习与人相处的社会适应能力，在生活中熟悉与自己密切相关的事物和自然环境，从而体会到生活的乐趣。例如：在编排韵律体操“我家来了小客人”，在与家庭氛围相似的课堂里，通过施教老师与一位儿童学做主人，助教老师和另一位儿童学做客人，儿童模仿两位教师的“敲门”“请进”“请坐”“倒茶”“喝水”“拥抱”“再见”等

动作，将言语与运动连在一起，调动儿童快乐的情绪，营造轻松愉快的学习氛围，引导儿童主动积极的学习并完成这些动作，提高运动、言语和感知认知功能，使儿童快乐参与、主动参与。结合生活可创造出许多模拟性的教学情境。同时，可利用球、绳子、生活用品、厨具等作为辅助教具，教会儿童认知和正常的人际交往能力。

4. 趣味性

在对肢体残疾儿童进行康复训练时，无论是集体教学和个别训练，采用综合游戏的方法实施体育教育，会令效果事半功倍。在进行韵律体操教学时，同样可以采用游戏的方法，让学生玩中练习，练习中玩，最大限度地调动这些儿童的学习兴趣，提高参与能力，增强教学效果。例如，音乐“我是快乐的小青蛙”，单纯的的上肢、躯干或下肢动作练习是枯燥无味的，在编排中，可以将老师和儿童们分成两组，一组由上肢残疾儿童扮成青蛙，主要练习双脚并拢向上和前后左右的跳跃；一组由下肢残疾儿童坐轮椅扮成害虫，主要练习上肢及躯干的伸展、摆动和转体。通过小青蛙抓害虫的游戏，练习时加上队形、位置的变化，即对儿童进行环保意识教育，又达到了韵律体操锻炼的目的。

5. 协同性

人类天性就喜好群聚，在相互帮助、竞争、模仿、配合、鼓励下，人类得以生生不息地繁衍与延续，社会也在进步和发展。对于肢体残疾儿童，无论是生理需要还是心理需求，都格外需要协同性，协同的对象可以是家人、老师、同龄的残疾或者健全儿童。通过协同帮助，肢体残疾儿童不仅可以获得希望、分享成功的快乐，还可以分担困难和痛苦，最重要的是通过模仿和学习动作，发展社交能力，找到归属感。

截瘫、偏瘫等残疾分类在一级和二级范围内的儿童，必须借助他人的帮助，主动或被动地进行韵律体操的练习。三级和四级的儿童可以借助轮椅、义肢、拐杖、墙壁与他人协同进行练习，若站姿不安全或难度较大，也可以采取坐姿、跪姿或躺着练习。

三、肢体残疾儿童韵律体操的设计、组织与实施

肢体残疾儿童韵律体操课程的设计、组织与实施不仅要符合前面提到的编排原则，还要具有时代性、挑战性、独特性、新颖性，既要符合特殊儿童的儿童心理和生理，又要融入教师自已的科学精神和智慧。

（一）肢体残疾儿童韵律体操的设计与组织

1. 授课环境的调整

为了使肢体残疾儿童能够更加充分和独立地参与韵律体操教学活动，授课环境调整常常是必需的，包括无障碍建筑为儿童提供更多参与韵律体操活动的机会、改变教学方式等，使肢体残疾儿童可以更快融入授课的大环境中。

除了无障碍建筑、辅助器械等硬件，还有教师的激情、投入、亲切等软件保障。相对于健全儿童，肢体残疾儿童更需要老师满腔的热情和关爱，这种关爱和激情一是来自对所教内容的兴趣和热爱；二是教学的自我效能感（相信自己的教学对学生一定有益）；三是对学生的尊重、关心、爱护和成就期待。一堂有效的韵律体操课，首先要让儿童在心理上感到舒适、愉快、振奋，这种情绪直接来自教师的影响。因此，教师上课时，要常带微笑，保持亲切、宽容、温和或热情的教学形象；要调控好自己的身心状态，克服倦怠、失

望、挫败感等消极情绪，尽可能放大孩子们每一个小小的进步，精神饱满进入课堂、满腔热情面对这些特殊儿童。

2. 教学语言的作用

语言，是教师进行课堂教学最重要的手段，包括讲解相关知识的语言、向学生提问或发出指令的语言，以及与学生沟通对话的交际语言。对肢体残疾儿童进行韵律体操教学时，风趣、准确、精练、多变的语言有着很关键的作用：①可以在需要时强调动作要领；②提示儿童下一个动作内容或方向；③及时纠正错误；④和儿童一起随着音乐说唱；⑤给予肯定、鼓励和赞美等。教师在韵律体操课堂上使用的语言，除了备课时预设好的内容，主要是有声语言和即兴语言：有声语言有语音特质的要求，即兴语言则需要快速组织语言的技能。除此之外，还要运用表情、手势、亲身示范等肢体语言和副语言加强信息传达的效果。

3. 课堂的调控能力

在对肢体残疾儿童进行韵律体操练习时，由于每个特殊儿童的表现不同，受外界影响后的反应也有很大差异，因此，课堂的调控能力是对每个特殊教育者的考验，课堂调控能力，有以下几层意思：①教师应控制课堂上韵律体操的教学内容基本走向，保证教学沿着正确的轨道行进，不被冗杂信息和意外事件扰乱阵脚；②虽然在上课前教师会准备好韵律体操套路，但课堂又是灵动不居的河流，教学实施不是简单地照搬教案，而是要根据课堂上儿童的情绪、思维状态和行为表现，对预设的教学方案进行适时地调整与改造；③在给肢体残疾儿童教授韵律体操时，会依靠一些辅助器械完成，包括轮椅、拐杖等。因此，每个儿童的活动范围会更大，教师应在保障每一位儿童在安全畅顺的情况下进行练习的同时还要给他们一些自由发挥的空间。

（二）肢体残疾儿童韵律体操的教学实施

肢体残疾儿童韵律体操的教学过程不仅是一种理念，更是一种行动。教学设计作为教师对韵律体操教学实施的设想、计划、方案，是教师将教育理念付诸实践的起点，是教育理念与教学实践的界面。为此，教师在进行教学时，一定要树立正确的指导思想，树立“为了每个儿童的充分发展”的价值取向和以课改新理念为出发点的观念，教学设计要有时代性、挑战性，要新颖独特、具有个性，要融入教师自己的科学精神和智慧，具体有以下几点要求。

（1）教学语言精练、生动。

（2）恰当运用多媒体等教学工具。

（3）恰当地提问与有效追问。

（4）对重难点内容和学生的反应做出强化。

（5）合理调控课堂节奏与内容的走向。

（6）面向全体与关注个别儿童。

四、教学过程中注意事项

目前，在欧美等发达国家，约有50%肢体损伤的学生在普通教室与健全孩子一起接受教育，而且这些儿童可以通过与有生活自理能力的、年长些的残疾青年沟通交流获得更多的自信与鼓励。但是，无论是融合课程，还是针对肢体残疾儿童专门开设的韵律体操课程，每名肢体障碍儿童的情况、需要和机能水平都会不同，有效地进行体育活动所需要帮助也存在很大差异。因此，在教学中我们应该注意认真细致了解每一个肢体残疾儿童并对其进行评估，包括病史、家庭支持度，以及身体机能、认知、情绪、语言、社交、康复等的发展程度。

与肢体残疾儿童教授韵律体操时，如果需要讲解或者示范动作，尽可能与儿童的视力处于一个水平线上，特别是下肢残疾的儿童需要轮椅或者拐杖帮助时，教师可以采用蹲姿或者坐姿教授上肢动作。同时要学会跟他们微笑：微笑是人类最好的一个表情，只要你保持微笑，对方会感受到你的善意。一个平和的心态，不用去怜悯，每个人都是平等的，没有人有资格去同情别人，我们要秉持一个平和的心态去交流。

在进行融合教育时，班里的健全儿童如何对待有残疾的儿童，往往取决于教师对残疾儿童的态度，教师要向其他儿童解释孩子的残疾情况，并尽量像对待健全儿童一样对待他们。当儿童从家里返校时，必须使他们感到自己是受欢迎的，教师和学校是期待他们来到的。学校与教师应注意与孩子的家庭保持联系，对每个残疾儿童取得的小小成功都及时进行鼓励，并注意防止加给孩子太多的压力。

进行韵律体操训练时，内容不能过多或过少，一节课的主体部分适宜 4～8 个八拍，以儿童能接受的范围为主。还要注意练习场地设施及辅助器械的安全需求，具体见第五部分的内容——场地、设施要求及辅助器械。

五、场地、设施要求及辅助器械

除了残疾程度较轻的特殊儿童，大部分肢体残疾儿童都必须依靠矫形器或者辅助器械满足日常生活的基本需要，而且越早使用，越对于康复和今后的生活有利。肢体残疾儿童所用的辅助器械是指供残疾人儿童使用的，能够补偿、减轻或抵消因残疾造成的身体功能的缺失或障碍的产品和器械。根据不同的种类和使用的部位，它们的作用也有所区别，主要分为代偿功能、辅助残疾人生活、康复训练等。

肢体残疾儿童在练习中使用辅助器械的主要目的：①替代因四肢瘫痪或无力所致的部分肢体功能；②扩大受局限的关节活动的范围；③使在进行韵律体操练习时更简便、省力和省时；④在进行韵律体操练习时给予身体支持；⑤部分代偿肢体残缺的功能，帮助肢体残疾儿童进行运动。

韵律体操的辅助器械包括轮椅、拐杖、义肢、助行架、站立架及特殊鞋、夹板等。儿童的轮椅分为两种：一种是需要自己推或依靠别人推的手动轮椅；另一种是电动轮椅。手动轮椅价格便宜，重量轻易操作方向；电动轮椅一次充电后能行驶 10～20 公里，优点是可以让儿童节省体力，并空出四肢做运动，但价格较贵，比较重。拐杖、义肢、助行架、站立架及特殊鞋、夹板等可以根据残疾儿童个体的具体情况酌情选择。

为了使肢体残疾儿童更加充分和独立地参与体育活动，首先必须保障练习场地是无障碍环境，这是残疾儿童走出家门、参与社会生活的基本条件，目的就是为肢体残疾儿童提供行动方便和安全空间，创造一个“平等、参与”的环境。所谓的无障碍环境指的是一个既可通行无阻而又易于接近的理想环境，包括物质环境、信息和交流的无障碍。国际通用的无障碍设计标准的六个方面：①在一切公共建筑的入口处设置取代台阶的坡道，其坡度应不大于1/12；②在盲人经常出入处设置盲道，在十字路口设置利于盲人辨向的音响设施；③门的净空廊宽度要在0.8米以上，采用旋转门的需另设残疾人入口；④所有建筑物走廊的净空宽度应在1.3米以上；⑤公厕应设有带扶手的座式便器，门隔断应做成外开式或推拉式，以保证内部空间便于轮椅进入；⑥电梯的入口净宽均应在0.8米以上。

除了无障碍的环境，肢体残疾儿童在进行韵律体操练习的场地还有以下要求：①场地尽量平整、宽敞；②场地四周可以安置把杆等扶手，有利于儿童维持自身的身体平衡；③轮椅韵律体操练习时，需要的空间及活动范围比较大，教师需要提前对人数和场地进行评估，以防伤害事故发生。

六、组合范例

见随书赠送的音像制品——“肢体残疾儿童轮椅韵律体操”。

参考文献

[1] 刘宏辉．关于开展基本体操促进幼儿身心发育的研究［J］．哈尔滨体育学院学报，2002，(4)：118—119，121.

[2] 彭启录．浅谈幼儿基本体操对幼儿发育的促进作用［J］．攀枝花学院学报，2007，24(3)：105—106.

[3] 冯萍．健美操音乐的选择与应用［J］．上海体育学院学报．2003（11）．

[4] 任维聪，张志杰．音乐训练对时间知觉的影响［J］．西南大学学报（社会科学版）2011（2）．

[5] 苏文革．健美操动作节奏与音乐的探讨［J］．山东体育科技．2002（3）．

[6]《体育与健康理论教程》编委会．体育与健康理论教程［M］．北京：高等教育出版社，2002：53—55.

[7] 金梅．特殊体育教育中的舞蹈教学［J］．武汉体育学院学报．2003（3）．

[8] 朱建伟等．论残疾人体育运动的意义［J］．上海体育学院学报．2003（2）．

[9] 李鸿．康复健美操锻炼的方法和原则［J］．武汉体育学院学报．2001（4）．

[10] 刘哲，李晓冬，智障儿童基础体操教学与训练的个案分析［J］．阴山学刊．2013（3）．

[11] 王爱兰．儿童韵律体操［J］．西安体育学院学报．1987.

[12] 陈惜娜．浅谈健美操音乐与动作［J］．中国科技信息．2005.

[13] 马鸿韬．健美操创编理论与实践［M］．北京：高等教育出版社，2004：87—89.

[14] 肖冰．第八套广播体操对人体各部位、关节和肌肉群运动功能的研究［J］．湖北体育科技，1998（1）：93—96.

[15] 迟振国，梁薇．对韵律体操概念名称演变历史的初探［J］．山东体育科技．1995.

[16] 曹蓓娟．论艺术体操集体项目的编排［J］．体育科研．2001（2）．

[17] 傅强，章荣瑛．音乐在艺术体操成套动作编排中的运用［J］．上海体育学院学报．2001（2）．

[18] 冯萍．试论高校艺术体操教学及其动作编排［J］．安徽体育科技．1996（1）．

[19] 李萍．健美操动作的灵魂——论健美操音乐的选配［J］．湖南第一师范学报，2005（1）.

[20] 李莘．健美操音乐的深层次功能与选配原则研究［J］．沈阳体育学院学报，2005（5）．

[21] 周慧．论音乐在健美操中的功效及其创编［J］．湖南科技学院学报，2006（3）．

［22］周安艳．韵律体操训练程序对脑性瘫痪儿童的功能促进作用［J］．现代康复，2000，4（8）：1172－1173.
［23］魏国荣，张华．小儿脑性瘫痪运动治疗过程中引导式教育的实施［J］．现代康复，2001，5（5）：5－7.
［24］柳光植，李德考．体操［M］．北京：高等教育出版社，1995.
［25］韩名琦．发展轻器械体操充实体育课堂［J］．北京体育师范学院学报，1990.
［26］史瑞霞．论有氧健美操在体育课准备活动中的作用［J］．开封教育学院学报．2004，3.
［27］徐文武，付幼茹，曾元建．浅谈健美操在体操课准备活动中的运用［J］．解放军体育学院学报 2000，1.
［28］陈桂印．健身韵律体操的教学应用与价值［J］．天津市财贸管理干部学院学报．2009.
［29］李树林，徐桂贞，韩宏飞．论体操的内容与分类［J］．北京体育大学学报．2001，9.
［30］王建涛．体操概念历史演变的逻辑特征及明确体操内涵的思路［J］．体育成人教育学刊，2010，26（2）：13－15.
［31］彭鹰．浅谈体操运动的人文价值［J］．湖北师范学院学报（自然科学版），2005，25（4）：61－63.
［32］马启伟．体育心理学［M］．北京：高等教育出版社，1997.
［33］刘怀志．浅谈健身运动对促进心理健康的作用［J］．今日科苑，2006，（10）：100.
［34］邓淑红．自闭症儿童沟通行为的体育游戏干预个案研究［J］．中国特殊教育，2011（1）．
［35］丹豫晋，刘映海，苏连勇．自闭症幼儿体育干预之行动研究［J］．北京体育大学学报，2007（11）．
［36］刘春玲，马英红．智力障碍儿童的发展与教育［M］．北京：北京大学出版社．2011.
［37］张鸿懿，马廷慧．儿童智力障碍的音乐治疗［M］．北京：华夏出版社．2004.
［38］邝丽．艺术体操编排理论与方法［M］．北京：北京体育大学出版社．1995.
［39］中国残疾人联合会编，王成金．智力残疾儿童系统康复训练［M］．北京：华夏出版社．1997.
［40］王和平．特殊儿童的感觉统合训练［M］．北京：北京大学出版社．2011.
［41］汤盛钦．特殊儿童康复与训练［M］．辽宁：辽宁师范大学出版社．2002.
［42］何敏学，全海英．论特殊教育学校体育缺陷补偿功能［J］．体育学刊，2010（5）．
［43］黄天昌．特殊教育学校培智体育手段与方法的研究［D］．广西师范大学硕士学位论文，2013.
［44］邓东宏，徐春．智障儿童在教学中存在的问题及处理措施［J］．时间讲堂，2013.
［45］刘淑霞．艺术治疗对提升智障儿童交往能力的研究［D］．山东艺术学校硕士学位论文，2011.
［46］贺红．韵律体操对协调性的影响［J］．2014（8）：166－168.

[47] 翟庆元．韵律体操简述［J］．天津体育体院学报，1989：64－67.
[48] 李红．智力弱后儿童的体育教学探析［J］．南京体育学院学报，2004（6）.
[49] 刘东青．音乐治疗对智障儿童情绪障碍的干预研究［D］．山东艺术学校硕士学位论文，2011.
[50]《教育研究》.1999（5）.
[51] 黄小平．主体教育与课堂教学改革［M］．北京大学附属小学.
[52] 陈云英．中国特殊教育学基础［M］．北京：教育科学出版社，2004.
[53] 李卫东．现代学校艺术体操［M］．武汉：湖北科学技术出版社，2007.
[54] 波涛．特殊儿童教育[EB/OL].[2011－06－15]. http://wenku. baidu. com.
[55] 2014 体育基本理论名词解释[EB/OL]. http://wenku. baidu. com/link? url＝vqX-CJX8HAe7 YUOohj7Bde8zqjVTtnqJAyMkii3QnONcT7iATD2mCNSfTA4nYyB4aLDeu－i3eH8a－rABIhzRYYPeqXpByiR－NiicAY1imWyG.
[56] 华夏心理［EB/OL］. http：//www. psychcn. com/psylife/201106/349753937. shtml，2011－06－03.
[57] 对艺术体操的认识[EB/OL]. http://zhidao. baidu. com/link? url＝aUJvBhGOG5hgzom1UFYXrFLDmFc1eZcGiwsOzT8FxCPngltfqLHkE _ sl2xM29u640aZegTSTvKGipIsdQIXvL _，2014－03－24.
[58] 赵春琪等．智力障碍儿童特殊体育教学原则探究［J］．辽宁体育科技，2005，27（5）：85－86.
[59] 何建．新课标背景下体育教学组织的探讨［J］．教法研究，97－98.
[60] 黄宽柔，姜桂萍．舞蹈与健美操［M］．北京：高等教育出版社，2001.
[61] 杜熙茹．保健体操［M］．广州：广州体育学院自编教材.
[62] 肖光来．健美操［M］．北京：人民体育出版社，2008.
[63]（美）休厄德．特殊需要儿童教育导论［M］．肖非等译．北京：中国轻工业出版社，2007.
[64] 汤盛钦．普通班级中有特殊教育需要的学生［M］．上海：上海教育出版社，1998.
[65] 方俊明．今日学校中的特殊教育［M］．上海：华东师范大学出版社，2004.
[66] 方俊明．特殊教育学［M］．北京：人民教育出版社，2005.
[67] 张曼娟．特殊教育史［M］．上海：华东师范大学出版社，2000.
[68] 刘全礼．特殊教育导论［M］．北京：教育科学出版社，2003.
[69] 刘春玲，江琴娣．特殊教育概论［M］．上海：华东师范大学出版社，2008.
[70] 雷江华，方俊明．特殊教育学［M］．北京：北京大学出版社，2011.
[71] 赵锡安．听力障碍学生教育教学研究［M］．北京：华夏出版社，2006.
[72] 钟经华．视力残疾儿童教育学［M］．北京：华夏出版社，2006.
[73] 翟庆元．韵律体操简述［J］．天津体育学院院报，1989－12－31.
[74] 迟振国，梁放．对韵律体操概念名称演变历史的初探［J］．山东体育科技，1995（2）.
[75] 洪小平．韵律体操史略［J］．成都体院学报，1985－12－31.
[76] 曲世奎．体操大辞典［M］．北京：人民体育出版社.1991.6

［77］王钱琴，袁丽丽．略谈艺术体操［J］．北京体育大学，1984－03－31.
［78］唐星星．现代体操分类的再研究［D］．西南大学，2013，4.
［79］苗坤．浅析韵律体操在小学体育中的重要地位［J］．体育博览，2011（6）：98.
［80］艺术体操规则介绍．中国艺术体操网．http://rg.sport.org.cn/his/info/2008－04－24/182079.html
［81］刁在箴，谢颖，洪小平等．对国际艺术体操评分规则的思考［J］．体育科学，2001（6）．
［82］朱娜．谈大众艺术体操的价值［J］．辽宁体育科技，2003，3（25）：76.
［83］全国体育学院教材委员会．艺术体操［M］．北京：人民体育出版社，1993.
［84］马利．韵律体操的健美作用［J］．少年儿童研究，1994（3）：35－36.
［85］陈桂印．健身韵律体操的教学应用与价值［J］．天津市财贸管理干部学院学报，2009，2（11）：80－81.
［86］程晓峰．艺术体操的发展趋向及其功能调适［J］．河北体育学院学报，2002，16（04）：19－20.
［87］王莹．韵律体操对幼儿身心发展的促进作用［J］．少儿体育训练，2007（06）：63－64.
［88］李健．韵律体操促进幼儿多元智能发展的研究［J］．北京教育学院学报（自然科学版），2010，5（4）：60－65.
［89］廖洪波，张晓霞．“引导式教育一脑瘫康复韵律体操”的创作与应用［J］．中国康复理论与实践，2011，17（11）：1065－1067.
［90］中华人民共和国国家质量监督检验检疫总局，中国国家标准化管理委员会．残疾人残疾分类和分级［M］．北京：中国标准出版社，2011（11）：3.
［91］中华人民共和国建设部，中华人民共和国民政部，中国残疾人联合会，城市道路和建筑物无障碍设计规范［M］．北京：中国建筑工业出版社，2001（5）．

图书在版编目（CIP）数据

特殊儿童韵律体操/杜熙茹主编. —北京：中国人民大学出版社，2015.6
普通高等教育“十二五”应用型本科规划教材
ISBN 978-7-300-21468-9

Ⅰ.①特… Ⅱ.①杜… Ⅲ.①健美操-儿童教育-特殊教育-高等学校-教材 Ⅳ.①G76

中国版本图书馆 CIP 数据核字（2015）第 127647 号

普通高等教育“十二五”应用型本科规划教材
特殊儿童韵律体操
主 编 杜熙茹
Teshu Ertong Yunlü Ticao

出版发行	中国人民大学出版社		
社　　址	北京中关村大街 31 号	**邮政编码**	100080
电　　话	010－62511242（总编室）		010－62511770（质管部）
	010－82501766（邮购部）		010－62514148（门市部）
	010－62515195（发行公司）		010－62515275（盗版举报）
网　　址	http://www.crup.com.cn		
	http://www.ttrnet.com(人大教研网)		
经　　销	新华书店		
印　　刷	北京东方圣雅印刷有限公司		
规　　格	185 mm×260 mm　16 开本	**版　　次**	2015 年 8 月第 1 版
印　　张	7.75	**印　　次**	2015 年 8 月第 1 次印刷
字　　数	174 000	**定　　价**	21.00 元（配光盘）

教师信息反馈表

为了更好地为您服务，提高教学质量，中国人民大学出版社愿意为您提供全面的教学支持，期望与您建立更广泛的合作关系。请您填好下表后以电子邮件或信件的形式反馈给我们。

您使用过或正在使用的我社教材名称		版次	
您希望获得哪些相关教学资料			
您对本书的建议（可附页）			
您的姓名			
您所在的学校、院系			
您所讲授的课程名称			
学生人数			
您的联系地址			
邮政编码		联系电话	
电子邮件（必填）			
您是否为人大社教研网会员	□ 是，会员卡号：__________ □ 不是，现在申请		
您在相关专业是否有主编或参编教材意向	□ 是　　　□ 否 □ 不一定		
您所希望参编或主编的教材的基本情况（包括内容、框架结构、特色等，可附页）			

我们的联系方式：北京市西城区马连道南街 12 号
中国人民大学出版社应用技术分社
邮政编码：100055
电话：010-63311862
网址：http://www.crup.com.cn
E-mail：rendayingyong@163.com